二十几岁积聚人力
三十几岁铸就实力

郑小兰　编著

华龄出版社

责任编辑：潘笑竹
装帧设计：多元素文化创意有限公司
责任印制：李未圻

图书在版编目（CIP）数据

二十几岁积聚人力，三十几岁铸就实力/郑小兰编著．—北京：华龄出版社，2012.1
ISBN 978-7-80178-894-8

Ⅰ.①2… Ⅱ.①郑… Ⅲ.①人际关系—通俗读物 Ⅳ.①C912.1-49

中国版本图书馆 CIP 数据核字（2011）第 247407 号

书　　名：二十几岁积聚人力　三十几岁铸就实力
作　　者：郑小兰　编著
出版发行：华龄出版社
印　　刷：三河科达彩色印装有限公司
版　　次：2012 年 1 月第 1 版　　2012 年 1 月第 1 次印刷
开　　本：720×1020　1/16　　**印　　张：**10.5
字　　数：150 千字
定　　价：22.00 元

地　　址：北京西城区鼓楼西大街 41 号　　**邮编：**100009
电　　话：84044445（发行部）　　**传真：**84039173

序

人脉就是财脉，关系就是实力

中国有13亿人口，倘使每个人给你一角钱，你便是亿万富翁。世界销售大师乔·吉拉德也说：“倘使你没有250个重要的人脉，那么你可能同成功无缘。”一个好汉三个帮，若是成千上万的人来帮助你，那么你的事业还怕不成功？由此可见，人脉是一种巨大的生产力。

人脉的培养，“为之则难者亦易矣”！浓缩成精华不过“互动”二字，而“互动”更加的简单，无非是人敬我一尺，我敬人一丈。若是你要求别人敬你一丈，但是你敬别人不足一寸，便让人觉得你贪婪无知。

所以你想要创造自己的辉煌，必须用诚心、平等去结交你的朋友，拓展自己的人脉关系，他们会回馈给你不尽的机会以及财富。对于这点生意人可能最感同身受，于是他们将人脉的触角伸得尽可能深远。是不是说人脉“广”便可以了呢？当然不是！有道是：“朋友好，不需多。”人脉同样遵从此理，真正的人脉源源不断地为你输送营养，而“面子工程”的人脉，只不过是你吹嘘认识的人多的工具罢了。

人脉的重点并不是说你有多少朋友，多少关系，而是在于每个朋友都愿意尽心竭力地帮助你，扶持你，将你推上成功的顶峰。正是因为如此，我们必须对我们的每条人脉——不管是人脉粗壮还是人脉细微，都要精心地去呵护。这些被精心呵护的人脉，回馈给你的必然是你付出的千百倍。

总之，人脉就是聚宝盆，只要你将其经营好，那么财富和回报就会源源不断地涌到你的身边。

前　言

成功，是每个年轻人最迫切的心理需求。但是你有没有想过，你凭什么成功。对于年轻人而言，论经验，你不是最丰富的；论精力，你不是最充沛的；论能力，你不是最强悍的。那么请问，你凭借什么成功？

成功学大师卡耐基为我们指出了捷径，他说：“专业知识在一个人成功的作用只占了15%，而其余的则全部取决于人脉。”原来人脉可以弥补我们经验的缺失，能力的不足；甚至人脉的广度和深度，决定了我们是否能成功。

环顾我们的周围，这种观点一次又一次被验证。与同事关系融洽，他们会帮助你脱离工作中的困境；同上司关系和睦，他们会给你升职和加薪的机会；同成功人士认识，他们会帮助你成为自己圈子中的一员……难怪曾任美国总统的罗斯福说：“成功的第一要素是懂得如何经营好人脉。”

也正是因为如此，所以我们要不断地拓展我们的人脉圈，并注重我们人脉的质量。不管是与同事交好，还是通过朋友介绍朋友，不管是去结识贵人，还是搭讪陌生人……你可以采取任何手段，只要它能拓展你的人脉。当你的人脉积聚到一定程度时，你就可以享用它所带来的好处。人脉帮你带来资源、机会以及财富。甚至，你的人脉档次越高，你的财富就来得越快！

越来越多的人都开始明晓人脉的好处，他们忙于人脉拓展，却不懂得维系人脉，让好不容易积累的资源白白流失。就像是吃了很多的美味佳肴后忙于催吐，结果造成了本身不能摄取营养成分，导致营养成分流失。

对此，我们应该向蜘蛛学习。蜘蛛用蛛网谋生，所以它经常性地修补自己的网。我们用人脉网住机遇，所以我们也要经常性地修补自己的网。人脉不是“一次性筷子”，用过了就要丢到垃圾箱去，人脉应该是“古董”，经受了时间的冲击、人生的洗礼，越发的珍贵。所以我们对于我们的人脉，要勤加爱护。

十岁比智力，二十岁比体力，三十岁比专业，四十岁比人脉。二十几岁的人开始种下自己人脉的种子，经过三十岁的精心培育，四十岁的时候便能歆享花朵的芳香和果实的甜美。而本书就是教给你如何拓展、维系人脉的宝典。那么，还等什么，阅读吧。

目　录

第一章　二十几岁，该关心你的人脉啦

我们经常看到很多热血青年，甫工作时，立刻化身为老黄牛，兢兢业业甚至呕心沥血，可很快他就会发现，为什么升职、加薪、进修……通通没有自己的份儿？原来他忘记了打理和发展自己的人脉。

没有人脉是可怕的，你能想象一个人孤零零地生存于一个社会中吗？更何况二十几岁的你其实一无所有。经历，是你欠缺的；资源，是你匮乏的；后台，是你没有的……好在你年轻，现在打理人脉还来得及。从今天起，关心你的人脉吧，并同人脉联系成为一个有机整体，从而达到经历共享、资源共享的过程，来弥补你经历的欠缺、资源的匮乏、后台的空白。

二十几岁没有几个朋友，太可怕了

有个关于朋友的比喻十分地别致——朋友就像是卫生巾，在你最脆弱的时候呵护你，给你安全，给你贴心。虽然比喻将友谊同卫生用品联系起来，颇有几分冒犯“友情”的意思，但是不得不说这个比喻真的很贴切。当然在现实生活中，朋友的用处并不局限于给你安全感，更在于朋友能用最快的速度帮你搭建人脉。

斯坦福研究中心曾经发表过一份调查报告：一个人赚钱，12.5%来自知识，87.5%来自关系，而关系的主体是什么？答案简单明了——朋友。如果这个结论还不够触目惊心的话，那么请看好莱坞的一句俗语：“一个人能否成功，不在于他知道什么，而在于他认识谁。”这句话更简单明快地告诉我们，人脉是我们通往成功的门票。当然，有了朋友你未见得会成功，但是如果你没有朋友的话，你肯定不会成功。

善于利用人脉的人，打理人脉的用心度丝毫不逊于打理金钱，在善于利用人脉的人那里，人脉可以管理可以储蓄，当然也可以增值。同理，如果人脉打理得不好的话，那么会产生极端不良的后果。

人在20岁的时候，无论是思想还是性格抑或是将来走的道路还没有成型，具有很强的可塑性。这个时候，年轻人交朋友是没有丝毫心机的，是最为干净、纯粹、赤诚的，所以人们往往最看重这个时候的友情，往往愿意为维护这样的友情而做任何事情。

打个比方说，20岁的人就像是一棵青葱的树苗，他的任务并不是去长枝叶，而是去努力地发展根系，让根系千丝万缕地抓住大地，这样的树苗才有可能成长成参天大树，才有可能迎接即将到来的人生风雨。如果20岁的人还没有朋友，就像是一棵光秃秃的树，即便是枝头会有一片叶子，可是当风雨来袭的时候，这些叶子就会被雨打风吹去，很有可能树木会被连根拔起。也许树木被连根拔起的时候还能重新进行培植，但是人若是被连根拔起的话，那么重新崛起的概率就变小了。

王芳因为绘画有天赋，所以自视甚高。言语间经常流露出居高临下的态度，同宿舍人相处有几分颐指气使。最开始的时候，宿舍还有同学跟她搭讪几句，因为王芳爱答不理，渐渐的同学都有点不想搭理她。王芳想，自己有天赋有能力，她们不理睬自己是因为羡慕、嫉妒、恨，等到毕业后，自己找到一个极好的工作让她们各个都得红眼病。于是王芳变成了宿舍的“独行侠”。最后这种情况甚至演变成王芳变成了整个专业的“隐形人”。大四毕业的时候，大家都很忙，王芳也是不断地赶招聘会，希望能找个专业对口的工作。这天回到宿舍结果宿舍人各个欢天喜地。王芳大惑不解，问宿舍长到底怎么了。宿舍长说，因为宿舍最小的女孩的叔叔在一家大型广告公司工作，恰好这家广告公司正在招收平面设计，宿舍三个人便去了，虽然画功有待商榷，可是因为有叔叔的周旋，竟然三人都被录用了。王芳听闻后悔莫及，如果她不是自命清高，同宿舍人搞好关系的话，那么她也可以去那家让她朝思暮想的广告公司。

王芳的最大问题在于她依仗自己的能力，却忽视了人脉的作用，导致了自己的事业路上充满了盲点。王芳需要知道，20多岁必须要开始绘制自己的人脉地图了。

为什么20岁的时候绘制人脉地图十分重要呢？允许我用一句俗语作

答：如果皇帝的狗死了的话，那么会有很多人跟着伤心。但是如果皇帝死了的话，却没有人理会，因为人们都去找寻新的皇帝了。也就是说，有的人脉虽然看似数量众多，但是根基十分肤浅。可是20岁建立的人脉却大不相同，因为这个时候的年轻人个个个性鲜明，并没有向社会妥协，也没有尖锐的利益冲突，所以形成的人际关系真实可信，坚若磐石。并且有很长的保质期，因为它不仅代表着你的友情，还代表那个青葱岁月中最纯最美的你自己，当你看到那个时候的死党时，你的心也会变得真实而温存。

以“量”定胜负

很多年轻人在培养自己的人脉时，往往走进这样的误区，那就是注重质而非量。殊不知孟尝君门下门客三千，鸡鸣狗盗皆有用处。对于20多岁的人而言，彼与彼，年相若道相似，要找到一个很有“质量”的朋友还真的是一件难事呢。而且人生充满无常，你也不敢保证你的朋友中日后没有飞黄腾达的，所以20岁的年轻人在交朋友的时候一定要注重量，将每个人都看成自己的师长和朋友，如果这样你会发现，你是在春天播下一颗友谊的种子，等到你30岁乃至40岁的时候，你会收获累累的人脉。

建立好关系网

近朱者赤、近墨者黑、近贫者贱、近富者贵，建立一个什么样的关系网决定你会交到什么样的朋友。作为20多岁的年轻人，所建立的关系网无非是学习角、社团等，其实这个时候建立人脉最科学的方式是立足现实，以将来的发展方向为目标，建立合适的关系网。如果你是大学生，那么就围绕所属院校、学校范围等建立人际关系网；如果你是职员的话，那么你可以在公司范围内建立人际关系网。

在家靠父母，在外只能靠朋友

问你一个问题，渔网捕捉的鱼多呢还是鱼钩钓上来的鱼多？正确答案当然是渔网。因为渔网面积足够大，千丝万缕纵横交错，还能有效地防止鱼儿脱钩。那么再问你一个问题，是一个团队容易成功呢？还是一个人容易成功？正确答案自然是一个团队，因为大家都知道众志成城，而独木难支。

也许正是因为很多人都知晓了正确答案，所以才会无比地推崇人脉。就像是日本朝日啤酒前总裁广口通太郎说的那样：“年轻的时候你可以身无分文，但是你却不能忽视你的人脉网。要知道容器能决定水的形状，人的命运往往取决于结交什么类型的朋友。”CNN的创始人、“媒体国王”爱德华·泰纳说得则更为直白：“没有人脉的事业是不存在的。”

所以二十几岁的年轻人，你可能一无所有，正因为这样，你才更需要打理你的人脉，因为人脉是你的“第一桶金”，你往往要凭借这“第一桶金”作为你的依托，才能开始你事业的征程。

“在家靠父母，出门靠朋友”算是一句老话了。朋友的作用千奇百怪——他能让一贫如洗的你丰衣足食，能让才能平平的你获得别人垂涎的机会，能让麻烦缠身的你转危为安……“望之不似人君”的小布什，为什么能当上总统？小布什自己揭开了答案：他擅长交朋友，并将自己的每个朋友都变成了自己的“财富”。后来这些“财富”将小布什推向了白宫。

现在的汤唯有“国际汤”的称号，意为她是来自中国的国际影星。但是在出演《色·戒》之前，谁认识这个高个子的漂亮姑娘呢？据传，是赖声川将汤唯推荐给了李安，赖声川是谁？可以这样回答，他是台湾版的张艺谋。而赖声川是如何认识汤唯的呢？最初的时候赖声川来到中戏授课，要成立一个话剧工作室，选几个学生排演自己的《如梦之梦》做示范，其中就有汤唯。汤唯一直在这个工作室中帮忙，毕业后，几个同样在工作室帮忙的同学就杳如云雀，单单汤唯一直同赖声川保持联系。所以当李安问赖声川汤唯怎么样的时候，赖声川直接回答：“你可以放心，绝对没有选错。她会成为非常靓的演员，她现在的状态也很好，完全有对付这种状况的准备。”

正是有了赖声川的力荐，所以汤唯才能成为“安女郎”，从中国走向了国际，从此大放异彩。

在《灵枢·九针论》中曾经这样描述过“脉”：“人之所以生成者，血脉也。”《灵枢·平人绝谷》：“血脉和利，精神乃居。”《活人书》卷三：“血脉者，营养百骸，滋润五脏者也。”如果说血脉是人类生存的基础，那么人脉便是人类发展的基石。

人都说："学历是铜牌，能力是银牌，人脉是金牌。"也正因为如此，所以我们不诧异卡内基培训中心的人通常会用这样的话作为开场白："人脉是通往成功、财富的入场券。"如果是这样的话，我们仅仅是去获得这样的入场券。

那么20多岁的人，如何建立起自己的人脉呢？

海纳百川，有容乃大

有句网络俚语很有意思："我不是你妈，没必要惯着你；我也不是广场上算命的，唠不出那么多你爱听的嗑。"话糙理不糙！20多岁的人一个共有的缺点就是本身缺乏包容，但希望别人能包容自己，仿佛自己还没有走出父母庇护的天空。在对人对己双重标准的作用下，你会发现，你身边的人渐渐疏远了。所以你有必要对自己严苛，对别人宽容。所谓海纳百川，有容乃大，你的宽容让你的人格闪耀魅力，而这种魅力是吸引人脉的强大磁石。

赠人玫瑰，手留余香

当你将玫瑰赠予别人的时候，你将收获一份赠予的欢欣，一份感激的笑脸，以及空气中久聚不散的芳香。所以去帮助别人吧，你的帮助不仅能净化自己的心灵，还能让别人对你心生感激。中国传奇人物胡雪岩，便是擅长帮助别人的，令他发迹的第一桶金便是他曾经帮助的人的馈赠。当然，我们并不是抱着各种目的去帮助别人的，而是发自内心，否则让人感受到你的帮助是有附加条件的话，恐怕也会对你敬而远之，并给你贴上有心计的标签。

拒绝负面，分享激情

没有人愿意跟消沉的人交朋友，须知生活不是林黛玉，不会因为你的忧愁而风情万种。为什么每个人都愿意将快乐的人形容成太阳？因为太阳温暖、灿烂、耀眼，让人不由自主地成为它的卫星，跟随它的步伐舞动。人亦如是。想要建立你的人脉，20多岁的人最需要的是发挥你激情的优势，舞动青春，并用热情、精力、乐观等正面情绪感染别人，引导别人，甚至让他们变成你的追随者。当他们都成为你不离不弃的伙伴时，你的人脉便基本成型了。

单打独斗想成功？想都别想

我们都是听着“龟兔赛跑”长大的，但是你听过“新龟兔赛跑”吗？第一次的比赛结果我们耳熟能详：兔子因为贪睡，赛跑冠军的奖杯被乌龟捧走，从此兔子被钉在了耻辱柱上。于是兔子励精图治，终于在第二次龟兔赛跑上一雪前耻，成为当之无愧的长跑冠军。第三次龟兔赛跑的时候，兔子再度遥遥领先，可是临到终点，却被一条河流挡住了去路，兔子不会游泳，在河岸一筹莫展。这个时候乌龟赶上，乌龟说：“如果我们能合作的话，会不会更好？我背着你过河，你带着我再跑？”兔子答应了，于是兔子得到了冠军，而乌龟打破了乌龟历史上的长跑记录，各得其所。

瞧，合作何其重要。现在的社会，就像是一条巨大的流水线，这个部分负责“拧螺丝”，那个部分主管“上色”，各司其职。可是很多年轻人并不明白这个道理。他们以为单打独斗便能成功，所以经常性地对合作不屑一顾，甚至对队友抱有一种敌对心理。虽然对于那些单打独斗的人要投以敬佩的目光，赞一声：“有志气。”但是私下里，我们可以肆意地嘲笑他们“很傻、很天真”。

不是我们刻薄，而是事实如此。20多岁的人，你所拥有的是什么？经历？资源？支撑？（富二代、官二代除外）你一无所有，所以你不得不联系起你的人脉，同他们建立起一个良性的平台，实现经历共享、资源共享的过程。

没有人怀疑你是一只老虎，可是好虎怎架群狼？没有人怀疑你是高手，可是双拳怎敌四掌？单打独斗的集大成者是孙悟空，却被如来佛轻而易举地压在五指山下并雪藏五百年之久。宋江只不过是一个在岗不在编的县长秘书，却凭借好人缘，让梁山集团107位高层唯其马首是瞻，最终带领梁山集团成为大宋时代最牛的民营企业。

好男儿志在四方，所以宋思明23岁出门闯荡。身揣一份高中毕业证的他一无所长，只好选择去做不要求学历的业务员。闲下来的时候和同事们聊聊理想，谈谈未来。20多岁的男孩子，梦想都在闪光。他心中有个想法，既然大家都对这个行业这么熟悉，为什么不自己成立一个中介公司呢？他将想法跟同事们一说，大家一拍即合，集资成立了一家中介公司。凭借着扎实过硬的业务，以及对市场的熟悉，这家中介公司迅速地做大做强。

宋思明明晓了这样一个道理——团结就是力量。并将这个道理运用到创业中去，果真达到了1+1=11的效果。

事实上，20多岁的人无论是心理上，还是社会地位上，通常处于“弱势”的地位，就像是丛林中处于生物链底端的动物。可是当团结起来的时候，那么“弱势”就会变成“强势”——我们对下面的场景并不陌生，蚂蚁军团能在瞬间吞噬一头大象。团结，就能达到这种慑人的力量。

想要达到这样的效果，我来支招：

主动出击，“做我的朋友好不好?”

“找啊找啊找朋友，找到一个好朋友……”我们哼着这样的曲调长大，但是对于心理上刚刚断乳的年轻人，往往没有童谣中的豁达，他们甚至会出现一个“社交空当期”，觉得自己孤家寡人一个，或者是末路英雄，独孤伶仃。在这种心理的作用下，在处理人际关系上，容易拘谨、害羞、多疑和无所适从。正是因为这样，所以年轻人要主动出击，打消自卑退缩懦弱等负面心理，主动参与到别人的活动中去。要变成一只动物，主动出击，去寻找所有可能发生的机会，而不是化身植物，傻傻地等待动物的搭讪。

固本守源，“有了新朋友，不忘老朋友”

“茕茕白兔，东奔西顾。人不如新，衣不如故。”《诗经》表明“喜新厌旧”已经有了两千年的历史，可是有了新朋友就应该忘记老朋友吗？这里有个笑话很好地回答了这个问题。有人肚饥，便去吃饭。吃一张饼，不饱；吃第二张饼，依然不饱；等吃到第三张饼的时候才心满意足。此时这人却抱怨道：“若是知道吃第三张饼才饱的话，何苦吃前两张？”很多人交朋友的时候也存了这种心态，“若是认识他就能拿到大单子，何苦去求他们办公室的秘书？”或者是“早知道遇见他就能万事迎刃而解，何苦去认识他的好友？”你恰恰忘记，你的人脉建立是渐进式的，“一口气吃不成个胖子”，同理“一口气也成就不了最完善的人脉”。

不会做人能力再强也难成事

“先做人后做事”很多人将这句话理解为先修人品，而后成就事业。作为一个现代人，如果你想要成功，步入成功者的行列中，首先就要做到以德而不以术，以道而不以谋，以礼而不以权，这是人品的修行，也是成功的冲要条件。

20多岁的人，血性有余，经历不足，很容易凭借一腔热血，将先做人后做事定位在第一种解释上。所以我们经常看到很多热血青年，甫工作时，立刻化身为老黄牛，兢兢业业甚至呕心沥血，可很快他就会发现，为什么升职、加薪、进修……通通没有自己的份儿？或者是另外一种情况，热血青年以为周围的环境是污浊的，努力做到清者自清，但是在独善其身的过程中，发现所有的机会都同自己失之交臂。于是这些青年很困惑，不是说，先做人后做事吗？

是的，先做人后做事，但是这句话还有一种解释，那便是先修筑人脉长城而后保事业千秋。为什么这么说呢？因为做人有做人的法则和技巧，做事有做事的规律和窍门，而做人做得长袖善舞，往往能让做事游刃有余。如果你不能将人际关系打理得风生水起，那么这些关系就会盘根错节，最终绊住你前进的步伐。

赵江辉和刘景月都是政府公务员，两人能力相若，学历相仿，就连工作的态度都一模一样，大家都觉得两个小伙子很有前途。这天局长找赵江辉和刘景月例行谈话，因为是例行公事，所以局长漫无目随便聊。聊着聊着，就说了个人爱好，局长兴致好，便让两位手下欣赏自己画的老虎。局长刚展开画的一角，刘景月“啊”的一声，局长问刘景月怎么了，刘景月不好意思地说：“我这个人胆小，局长的老虎画得好，乍一看还有点害怕。”局长立刻眉飞色舞，连夸刘景月识货。后来，局长便总是对刘景月笑眯眯的，局长不怎么爱笑，他一对谁笑谁就有好事了。赵江辉对此不屑一顾，他逮着谁便跟谁说刘景月就是个马屁精，局长爱戴高帽。遗憾的是并没有人跟赵江辉同仇敌忾，反倒是很多本来跟他很亲近的同事开始疏远他了。随后局长交代赵江辉一项任务，有几个问题赵江辉不太明白，当他找同事询问的时候，同事大多支支吾吾。

赵江辉的同事疏远赵江辉当然不是因为局长的原因，而是同事们从赵江辉对待这件事的态度上感受到了赵江辉心胸狭隘，而且若说是非事，便是是非人。赵江辉既然能在背后诋毁刘景月，说不准哪天便会在另外的人跟前诋毁自己。这样的人，谁敢跟他相交呢？

赵江辉不明白，人若是树，本身的能力便是枝叶。可是树想要成长的话，仅仅有枝叶是远远不够的。它需要从天空获取阳光，从大地获取营养，从白云获取雨露，它还需要啄木鸟为它除虫，还需要蚯蚓为它松土，而这些便是生长的外力。这些外力的提供者，有一个统一的名词，那便是人脉。

如何做人，如何建立良好的人脉关系，不妨试试以下几招：

投其所好

有笑话一则：兔子钓鱼，接连三日均无果而返。第四日，一鱼跃出水面，用尾击打兔子，道："若是明日还用胡萝卜做饵，必定打你。"这则笑话告诉我们，想要钓鱼就要像鱼一样思考。虽然经营人脉不能简单等同于钓鱼，但是道理有相同之处，那就是：当我们想拥有好的人脉以及良好的人际关系，我们就必须弄清楚他们想些什么，而后投其所好。

你完全可以将自己想象成为一个推销员，要将你的商品——你自己——推销给周围的人。这个时候，你要弄清楚对方的家庭状况、收入状况、学历教育背景、兴趣爱好等，而后根据这些情况有的放矢，去满足他们想要被满足的，尊重他们想要被尊重的，重视他们想要被重视的，那么对方肯定对你刮目相看。

二八原理

二八原理原本是企业管理中的理论，在企业中20%的产品创造了企业80%的利润。同理，决定我们命运的不会是我们全部的人脉，而是我们人脉中最精华的那部分。我们的精力、时间、资源都是有限的，不可能将其平摊到所有人的身上，所以也要根据人脉的"质量"区分对待。当然，我并非教你"势力"，而是在对人脉进行爱心的浇灌、精心的梳理、细心的呵护的同时，进行一定程度的倾斜而已。

人脉需要规划，越早越有利

市面上有一种苹果，上面有福禄寿等讨喜的字眼，所以销路非常不错。这样的苹果是怎么形成的呢？在苹果没有成熟的时候，用遮光作用好的纸剪出你想要的字，而后贴在苹果上，让阳光照射不到。等到苹果成熟的时候，字便能显现出来了。可是若你在苹果濒临成熟的时候再贴这样的字，根本没有效果。很多事情都是越早准备越好，不仅是苹果，还有我们的人生。

不要大惑不解，请看一道题：

假设A同B一同前往某地，A选择的是正确的道路，可是却在中途生病了；而B呢，他很健康，不过他选择的却是同A截然相反的道路前行。请问A和B谁先到达终点？答案是A。因为A选择了正确的道路，这完全可以抵消他生病所消耗的时间。而B的选择错误，会浪费他更多的时间。

也许很多人会反驳我："地球不是圆的吗？那么选择什么样的道路又有什么关系呢？"这是一道简单的计算题：若你从上海到北京，是选择上海→北京的航班快呢？还是选择上海→纽约→温哥华→鹿特丹……→北京的航班快呢？

人脉的兴建，就像是你走路，你必须明确自己行走的方向，才不会走错，不会偏失。所以越早规划你的人脉，对于你的人生帮助越大。

3年前，罗南还在一家酒店当服务员，繁重而单调的工作让他非常郁闷，他想改变自身的状况。罗南先确定了自己的目标，那就是开一家自己的饭店，但是一无资金二无人力，要开饭店谈何容易？罗南便围绕这些问题，有计划地去接触一些人。酒店有位大厨因为过失被酒店开除，走的时候只有罗南一人去送他。大厨很感动，此后，两人时不时地联系，慢慢成了好朋友。罗南跟他说了开饭店的想法，大厨很赞成，开饭店的手艺有了，可是资金哪里来呢？罗南并不着急，还是按照原来的途径，去接触一些人。后来他真的结识了一位青年创业基金的经理，经理对他的想法很感兴趣，真的给他投资了。3年后，也就是今天，罗南是3家饭店的老板，平均每家店都能为罗南带来100多万元人民币的年收入。

罗南将自己的成功之路变成了登台阶。首先，他确立了自己的方向；其次，他朝着这个方向坚定不移地努力；最后，他有计划分批次地组合了自己的人脉。在这样的规划下，罗南很快便成功了。

知人者智，自知者明

古人云："知人者智，自知者明。"想要规划人脉，需要对自己有清晰而全面的认知。你必须要回答自己5个问题：我的职业方向是什么？我最希望从事什么样的工作？如果创业的话，我准备在哪个领域发展？我的事业可以分为几个阶段。当你回答完这些问题的时候，你对于自身的情况乃至自己的优点和劣势便有了极为清楚的认知，这可以帮助你避免很多建设人脉中遇到的弯路。

亡羊补牢，犹未迟也

你在构建人脉的过程中遇到了困难和麻烦，茫然无措的你不知道问题出在哪里。这个时候就要停下来，找到问题所在。依然要回答几个问题，为什么我的职业和事业进展得不顺利？谁能让我的职业和事业顺利起来？为了实现我的职业目标，我需要哪些人脉资源的鼎力相助？我现在得到了吗？当你将这3个问题理顺的时候你会发现，在构建人脉方面所遇到的问题便能迎刃而解了。

放开视野，不拘一格

梅花开在墙角，天地便小了。同理，若是人脉的构建过于单一，有可能会限制你的发展。如同你吃饭的时候，只摄取一种营养元素。这可能对你减肥很有帮助，但是必然不利于你的成长。人脉也是这样，你注重公司内部的人脉资源，那么就会圈子狭隘。如果你注重现在的人脉资源，却忽视将来的人脉资源，那么就会出现你的人脉资源不能满足你发展的尴尬。

所以你在规划自身的人脉时，要注意将结构合理化。将性别、年龄、行业、学历、知识素养等诸多因素进行合理的整合。"我劝天公重抖擞，不拘一格降人才"，如果我们对这句话进行合理歪解的话，便是将人脉不拘一格地收纳麾下，并让其各司其能，为你的成功添砖加瓦。

轻视人际关系的人，终会被人际关系轻视

人际关系说白了就是人与人之间交往的过程，很多人会心存疑惑："不就是为人处世吗？有什么重要的？"其实答案早就在他的疑惑中了，为"人"处"世"，不管你工作还是生活，创业还是就业，离得了"人"和"世"吗？换而言之，"人"和"世"是我们的环境的有机组成部分，每个人都无法忽视，无从逃避。

既然人际关系是另类的"环境"，那么就有"好环境"和"坏环境"之分。在"好环境"下，你会心旷神怡；在"坏环境"下，你会一筹莫展。试问，谁不想在一个处处顺遂的环境中工作、生活呢？更何况这种环境还能对你的发展起到很大的帮助作用。更为关键的一点是，你是打造"好环境"的中坚力量，也就是说，如果你愿意，你可以拥有很棒的人际关系。反之，如果你愿意，你的人际关系也可以一塌糊涂。

骆加猛是公司的中坚力量，虽然年轻，但是他的能力无可挑剔。正是因为如此，骆加猛有些傲慢，依仗自己的能力趾高气扬，经常将文员、前台等他眼中的"小人物"骂得狗血淋头。这些人通常忌惮他的位置，敢怒而不敢言。一周前，骆加猛同客户敲定了谈判时间，到约定时间骆加猛兴冲冲地赶到了谈判会场才发现空无一人。骆加猛大惑不解之余打电话进行询问，才知道对方提前了时间。骆加猛不快地指责："怎么都不通知我，你们太没有诚意了。"对方却不买账，反而指责他："我们三天前便通知你了，这是你的失误。"骆加猛悻悻然地返回，才想起三天前刚好自己的秘书辞职了，走的时候他还问询过她，可曾有什么工作没有交接，他记得秘书的回答是："如果有工作没有交接的话，那肯定是您的工作。"现在他明白了这句话的"言外之意"。

骆加猛的失误之处便在于，他轻视"小人物"，仿佛"小人物"不配同他建立人际关系似的。相对来说，"小人物"往往更具备破坏力。从能力的角度而言，骆加猛很厉害；但是就破坏而言，骆加猛的能力面对秘书的"蓄意"破坏，便败下阵来。

那么如何做到不轻视人际关系呢？

一视同仁

人生就是一场马拉松比赛，也许你在头三圈能保持领先地位，但是后三圈可能被你的“手下败将”超越。“若是当时身便死，一生真伪复谁知？”二十多岁的人前面的人生路还有很长很长，不能轻易地对谁盖棺定论。轻视，更是一件很滑稽的事情，你有什么资格轻视别人呢？你可曾见过洗水果——有的水果浮上来，有的沉下去。人生不也是这样吗？你现在浮起来了，不代表你不会沉下去！若是你将人区分为三六九等，对此“青眼”相向，对彼“白眼”相加，那么你怎么能获得别人的尊重呢？假以时日，偏偏你给“白眼”的人飞黄腾达，那么你还能指望他能提携你吗？

以诚待人

不真诚的杀伤力可能比轻视还要严重，不真诚的本质是一种欺骗，让人觉得人格遭受侮辱的同时感觉被伤害，这种伤害直达心扉。曾经有这样一个故事，某绅士以擅长交朋友著称，但是在他落难的时候没有一个“朋友”愿意帮助他，有位“朋友”这样说的，他以为他同我做朋友我就要感激涕零？别以为我没看见，每次同我握手后，他都要用湿纸巾擦拭自己的双手。如果你不能真诚待人的话，就不要做出一副真诚的样子。因为现在的社会每个人都很精明，他们能区分得出什么是真诚，什么是虚与委蛇。

有容乃大

每个人，在自己的领土都是独一无二的皇帝，但是很多皇帝都想越过自己的领土范围，对别的皇帝指手画脚，这无疑是一种很讨厌的行为。但是如果你同他针锋相对，那么两个皇帝势必要爆发一场战斗，这场战斗会让你们之间的关系降至冰点，不能消融。这又是何苦呢？不由得让人想起那首脍炙人口的诗来：“修书千里只为墙，让他三尺又何妨？万里长城今犹在，不见当年秦始皇。”只要不涉及原则问题，或者巨大的利益冲突，那么让他三尺又何妨？

宜走长线

“试玉要待三日满，辩才须得七年期”。人际关系依循此理！现在的人大多精明，不会因为你的须臾的小恩小惠而认定你是个大好人，他们在观察。会钓鱼的人知道，鱼儿在上钩之前从鱼饵的真实性到鱼饵的危险性，都要一一进行试探。如果你在这个时候急于收线扬竿，那么鱼儿就会受惊逃掉。真正的高手会按捺住心中的喜悦，不慌不忙地收线，而后将鱼慢慢地拉到岸边。当然，人脉可不比钓鱼，人的智商怎是鱼能比得了的？所以你要耐心，经年累月地去培养你的人脉，切忌急功近利，宜放长线钓大鱼。

人际关系是存折，存得越多收获越大

你崇拜成功吗？你追求的是成功吗？如果你对成功有着异于常人的强烈渴求的话，你有没有想过，打算靠什么获取成功？知识？能力？机会？不错，这些一样都少不了，可是，似乎拥有这些还不太够。否则不会产生“恨爹不成刚，怨爸不双江”的网络流行语。就像是网友调侃的那样，我们已经进入了“拼爹”的年代，如果你是富二代、官二代，那么你的成功即便不是唾手可得，也会人为地缩短距离。但是如果你不是，你打算如何应对这个竞争激烈的社会？

我们来做一个比方，假设你现在端着一份土豆进入了食堂中，但是你对你餐盘中的土豆并不满意，可是食堂的大师傅告诉你只有两种选择，要么吃，要么不吃。可是你就是不想吃土豆，你怎么办？很简单的办法，你可以和同桌共餐的伙伴分享彼此的饭菜，也许对方的盘子中便是你所钟爱的牛肉。那么对方便是你的人脉。利用人脉你可以轻松地完成资源共享，缩短你达到目的的过程。

人脉的力量向来是巨大的，中国有 13 亿人，如果 13 亿人每个人给你一角钱的话，那么你将变成亿万富翁。不过修建人脉的过程并非一蹴而就，很多人迷信今天对一个人好点，这个人便要肝脑涂地地以死相报，如果你这么想的话，真是很傻很天真。须知现代人计算之精明、迅捷，让电脑深蓝也望尘莫及。不带丝毫夸张成分地说，现代人能在瞬间分析出一个人对自己好的真实成分，当然，这也是现代人行走社会的基本本领。这便要求我们要注重自己的人脉存折，将人脉以定期的形式存放在我们的人脉存折中，以其用“细水长流”的方式来建筑我们根深蒂固的人脉，而不是将人脉固定在“一锤子买卖”上。

白晓伦初入职场前，通读了卡耐基的所有著作，自信满满。她构建人脉的主要方式便是主动去帮助别人。最开始的时候有成效，谁有问题谁都会叫她。白晓伦喜上眉梢，尽管有时候帮忙非常吃力，但是她也硬着头皮答应下来。每天到单位打水扫地，节假日主动要求加班都成了家常便饭。可是久而久之，白晓伦也开始困扰，因为她被这些琐事纠缠着，本职工作反而懈怠不少。所以白晓伦学会拒绝，可是那些本来就跟自己不亲近的同事更加疏远自己了，白晓伦也不知道为什么。

其实白晓伦便是将人脉等同于“一锤子买卖”了，以为自己主动做点事情，大家就应该无条件地爱护她帮助她。可是同事们大多是“老油条”，很轻而易举地看出白晓伦的“积极”同她一贯的态度和行为模式相差甚远，本身便含有“作秀”的成分。白秀伦又没有坚持多久，更验证了老同事心中的猜想。

为什么要将人脉关系存在存折里呢？容许我用心理学效应来回答。心理学中有阿伦森效应，所谓的阿伦森效应，指的是人们喜欢对自己的喜欢、奖励、赞扬不断增加的人或物，而不喜欢那些减少的人或物。就像是我们小时候买水果糖，售货员总是喜欢先往秤盘里装少于你要买的量的糖，然后再一粒一粒地往秤盘上加，而不是一下装很多，再一粒一粒从秤盘上往下拿。同理，我们也喜欢那些一如既往地对我们好的人，而不是对我们好的时候就像是热带一样炽热，转而又将我们扔到寒带。我们是人，经历了冷和热交替后，只会感冒，绝不会开窍。

平时多烧香

平时多烧香的话，便避免了临时抱佛脚的尴尬。人脉的积累如同挖井，如果你等到口渴的时候才动手施工，那么你渴死的可能会更大一些。所以要求我们在平日里便要积累我们的人际关系网，并时常注意修补，这样才能让我们在口渴的时候直接去井边提水便可。

一个好汉三个帮

我们经常在动物世界中看到这样的场景：一只凶猛的狮子面对几只鬣狗的攻击，很快便败下阵来。团队，是我们越来越熟悉的一个词。漂流在荒岛的鲁滨孙尚且还有星期五与之作伴，何况你我？也许你团队中的甲只是一个普通的上班族，可是难保他的二大爷不是××单位的实权人物。乙可能只是一个只知道吃喝玩乐的花瓶，做摆设都不是上佳，可是说不准她的小姨愿意帮你联系一个大客户。这便是“一个好汉三个帮”的妙处所在——你可以通过一个团队，构建自己的人脉网，并将此人脉网络尽可能地延伸出去。

好记性不如烂笔头

人脉，就像是一部总是需要维护的机器一样，你必须知道每个环节喜欢的是什么。该放润滑油的地方绝对不能放机油，该放刹车油的地方就不能放防冻液。可是随着你的人脉越来越广，你所遇到的人越来越多，这个时候你打算怎么办？简单，好记性不如烂笔头，你可以找到一个笔记本（绝对不能让别人看见），将你在社交中遇到的人按照频繁度由上而下地记录下来，只写下名字，然后在交往过程中不断完善对方的资料。也许A不喜欢吃猪肉，B很青睐泰国菜，C是个愤青等。你会发现，也许这些很细微的地方，往往能发挥很大的作用。

第二章　二十几岁选对人，三十几岁成大事

现在的年轻人所面临的人脉构建问题，同过去截然相反。60 后、70 后们，吃吃喝喝便称朋友，同学、同乡、亲戚只要礼尚往来，感情便能长盛不衰。可是时代在前进，我们的人脉也与时俱新，这种“礼尚往来”不仅不会长久，而且衍生了各式各样的副作用。所以从现在开始，认真地挑选你的人脉发展对象。找寻那些能同你一起为理想奋斗不辍者、关系坚实可靠者、永不背弃者。否则，当你的人脉在中途舍弃你而去的时候，你不要诧异。当你的人脉在你身处寒冬时扒掉你仅剩的外套，你不要伤心。

找对伙伴，才能事半功倍

假设现在你有一只木桶，如果你想装尽可能多的水，你就必须让每块木板都没有破损；如果你的木桶中有一块木板很短，那么不用怀疑，你的水桶装水的多少将由这块最短的木板决定，这便是心理学中木桶效应的概念。

如果说我们的事业是一只硕大的木桶，里面装的必然是你的成就，那么这只木桶的高度取决于你团队中伙伴的质量。如果你找对伙伴，那么你便能事半功倍，成功路上有同神助。最初刘备仅有两名伙伴，仅凭这两名伙伴，刘备最终发展成鼎立三国之一的创始股东。如果你找错伙伴，那么你只能事倍功半，成功路上磕磕绊绊踯躅不前，而公务员林冲因为误交朋友陆虞候，竟然招致杀身之祸。

伙伴是什么？伙伴意味着你们拥有共同的理想，并愿意为共同的理想奋斗不辍；伙伴意味着你们之间关系固定，坚实可靠永不背弃。如果你找的伙伴跟你的理想大相径庭，你就不要诧异他为什么中途舍弃你而去；如

果你和伙伴之间的关系仅停留在互相利用，你便不要埋怨为何你的伙伴在你身处寒冬的时候选择扒掉你仅剩的冬衣。

演唱过《一生有你》、《在他乡》等歌曲的青春偶像水木年华前几天开了演唱会，参加他们演唱会的歌迷们见证了水木年华一路走来的风风雨雨。水木年华最初是由两位毕业于清华大学酷爱音乐的才子卢庚戌和李健组合而成，他们的组合建立在对音乐的痴迷、对生活的热爱上。因为同是清华大学毕业生，卢庚戌和李健在大学时代便被同校情结连在一起。正是因为他们一样的上进、阳光，所以在水木年华中我们能听见健康、向上、和谐等优秀的元素。同样也是因为他们对音乐足够的热爱，所以他们的音乐有冷艳华美，还有流畅旋律，以及清新曲风。当然，也因为这样，水木年华在音乐道路上越走越远。

如果你是雄鹰，跟随一群母鸡踽踽前行，那么你能指望自己搏击长空？如果你是猎豹，向看家狗学习摇尾巴，那么你还想自己迅疾若雷？我们常常说："近朱者赤，近墨者黑。"其实这句话的完整版本是这样："近朱者赤，近墨者黑，近愚者蠢，近智者慧，近贫者穷，近富者贵。"也就是说，你所选择的伙伴是什么人，决定了你事业的高度。

既然找对伙伴才能事半功倍，那么我们在找寻伙伴的时候应该注意伙伴的哪些品质呢？

诚信为根本

"画龙画虎难画骨，知人知面不知心"，就像是巴菲特所说的："大潮不退去，你不知道谁在裸泳。"同样，面对朋友，你不知道他说的话哪句是真哪句是假。所以你有必要建立一座信息库，将对方的一言一行都存储在里面，并进行合理的分析。如果你的数据库告诉你，对方是一个不讲诚信的人，那么我奉劝你这样的朋友还是放弃的好！因为朋友唯诚是本，唯信至尊，如果对方不讲诚信，那么你就不能依靠他。就像是一个商贩，卖东西总是缺斤少两的话，那么你怎么能容许自己继续去他那里买东西？

敢于追逐梦想

2010 年，《老男孩》走红，其主题曲曾让无数人潸然泪下，"转眼过去多年时间多少离合悲欢，曾经志在四方少年羡慕南飞的燕，各自奔前程的身影匆匆渐行渐远，未来在哪里平凡啊谁给我答案"，这句歌词将那些放弃理想的人的无奈和苦痛描摹得淋漓尽致。可是在这个社会，偏偏就是偏执狂更容易成功。所以我们在挑选自己的伙伴时，一定要选取那些百折不挠者，那些敢于逆流行舟者。这样，在成功路上，我们可以互相搀扶，互相奋进。

善于解压

现代社会的快节奏将我们都变成了水果加工厂的水果，每个人都在被机械地压榨所有的鲜活，于是我们变得焦躁易怒。所以我们必须找到善于解压的朋友，他是你的开心果，也可以是你的解语花，反正他在这里，你便可以将你所有的负面情绪扔到爪哇国去。这样的朋友，在不知不觉间，充当了你心灵负面情绪的清道夫的角色，让你能更轻快地上路。

人们会以你朋友的品质来认定你的品质

某天，百兽之王狮子醒来，却发现自己的尾巴上被人贴上了一个标签。上面的字刺痛了狮子的眼睛——驴。狮子震怒，但是却无可奈何，因为标签贴在他的尾巴上，他碰触不到自己的尾巴。于是他拜托野猪将自己尾巴上的标签撕下来，但是野猪拒绝了。野猪说："虽然你外形上看上去很像狮子，但是你的尾巴上却标注着这样的一个标签，谁知道你到底是不是呢?"狮子来不及生气，又拜托羚羊，没有想到羚羊也拒绝了，理由同野猪大同小异。狮子拜托了很多动物，但是这些动物不约而同地都拒绝了他的请求。狮子垂头丧气地回到自己的山洞。第二天，整座森林的野生动物都听见了驴的叫声——来自狮子的山洞。

原来心理学中有"标签效应"之说，当一个人被别人贴上一种标签，他便会按照标签所标注的内容去进行自我管理。这种心理学效应的外延是，当一个人被别人贴上一种标签，在众人的眼中他便是什么样。而往往让人判断应该给他贴上什么标签的参照物就是他的朋友。

有句识人谚语是这样说的，看一个男人的底线，要看他的袜子；而看一个人的底线，要看他的朋友。如果这个人，经常同游手好闲的无赖厮混一处，那么这人必然也是好吃懒做的流氓。如果是同样的一个人，即便本质上同好逸恶劳的恶棍没有什么区别，但是他同中国首富经常同进同出，那么众人也会认为“跟着凤凰飞的是俊鸟，跟着麒麟走的是美兽”。

杨东华一向以为自己与众不同，尽管现在他在一家小公司做文员，可是他心中的梦想一直在闪光。他相信，只要给他的理想一片土壤，他的理想必然如同杰克的魔豆，在瞬间成长得高如天际。机会说来便来了，公司有培训的机会，杨东华鼓足勇气去找经理争取。经理愣住了，他不明白为什么杨东华会争取这个机会，因为他根本没有这个资格。经理苦口婆心地跟他解释，这个名额应该给予业务尖子。杨东华语气尖锐地指责经理，说他有歧视，即便是他杨东华自己不行，为什么自己比较相熟的朋友也都被直接PASS掉。经理平静地说，你只是善于做梦，不去落实而已。你的朋友更糟糕，他们甚至连梦都不肯做。杨东华有点怔忡，是哦，自己的朋友也就是上班时间混混，下班时间去唱唱歌、泡泡脚，根本没有在工作上花费太多心思。不过自己好像也好不到哪里去，也不过是整天胡思乱想天上掉馅饼而已。

物以类聚，人以群分。如果你想减肥，就不要跟胖子在一起；如果你想上进，就不要跟沉耽迷梦的人为伍。同鸡为友，你只能刨食；同鹰为群，你便能拥有整个蓝天。

不过话说回来，同传染病人厮混在一起的人也许早就有了抗体，用朋友来认定此人的品格难免失之偏颇。不过既然大家已经约定俗成，我们也无需打破，甚至可以利用众人的这种“心理盲区”，改善自己的人际关系呢?

暗示别人，你有上档次的朋友

马贩卖马，三日无人问津。马贩无奈，寻到相马大师伯乐。祈求伯乐围绕自己的马转三圈，并赞叹三声“好马”，愿意用百金酬谢。伯乐应允，不久马贩的马便售罄。这算得上是最早的名人效应了，现在的层出不穷的广告代言只不过是它的延续而已。大家总是愿意相信名人说的，效仿名人做的。可是名人总是凤毛麟角，可遇而不可求。不过没有关系，上档次的人的效用跟名人的作用相差无几。当你处理你的人际关系时，不妨暗示别人你有上档次的朋友，那么在“名人效应”的作用下，你的身价也能上升很多倍。

良禽择木而栖

有位将军深受别人的爱戴，甚至他用过的马桶、牙刷都成为大家争相收藏的“宝物”。其实马桶还是马桶，价值没有丝毫的变化，可是因为人们“爱屋”所以“及乌”。恐怕“爱屋及乌”是一种司空见惯的事情，我们何妨利用一下呢？在结交朋友的时候，注意结交那些有良好口碑的人，这样人们很容易把你与他归为一类人。

出淤泥而不染

国人的爱好是偏爱“卓尔不群”事物的，比如出淤泥而不染的莲，秋日傲霜的菊，冬日赛雪的梅，以及能在污浊环境中清者自清的人。如果你的朋友都无所事事，你却奋力进取，那么众人也会看到你的努力，不会将你等同于游手好闲的无赖，反而称赞你在帮助朋友们进步。所以如果你能做到出淤泥而不染，那么众人对你的评价会同你朋友的恶劣程度成反比。不过需要注意的是，一般来说“蓬生麻中，不扶自直，白沙在涅，与之俱黑”，环境的影响力是巨大的，这招不要轻易尝试。

宁可少交朋友，也不要结交“损友”

贪官落马，大多都要怨天尤人一番。怨天，偏偏是我时运不济，被捉了个正着；尤人，若是当初我未交损友，也许现在依然两袖清风。没错，贪官身后都有一帮狐朋狗友挑唆、怂恿、腐蚀，以其达到狗仗人势、狐假虎威、财源滚滚的目的。虽然贪官落马起决定作用的依然是自身的因素，但是我们也绝对不能忽视“损友”的巨大“功效”。

英国媒体调查发现，有80％的人曾经误交“损友”，其中63％的人曾为“损友”所伤。当然，这里的“损友”比贪官的“损友”所涵盖的范围要广。比如说，嫉妒的“损友”可能为你的成功设置障碍；没有主见的“损友”让你筋疲力竭；“榨干机型”的“损友”，总是在不断要你付出却没有任何回报；没有相同价值观的“损友”让你不堪其累；纯粹利用型“损友”将你们之间的关系转变成为一纸合约……

以上所说的“损友”就像是一个烂苹果，躺在你做水果羹的材料篮子中，极有可能他这一个烂苹果便毁坏了你一篮子的好水果，你虽然咬牙切齿，但是却无可奈何。归根结底，苹果是你亲手放在篮子里的，如果真的有人犯错误的话，那么你是第一个。

其实朋友好不嫌多，同样朋友好不需多。如果你误交“损友”的话，如同你的朋友们推着你爬上高高的山峰，而损友只是在你即将攀登上山峰的时候将你推下去，那么你和你的朋友之前所花费的所有力气都宣布无效。“损友”如同苍蝇，只要一个，便可以将你以及你的朋友的形象毁于一旦。

为了大家能清晰直观地看到“损友”的作用，我们做个比方。损友宛如维生素C，但是你是海鲜类产品，两者本来都是无毒可食的，但是遇到了一起便会发生巨大的反应，形成一种可致命的元素——砷（砒霜）。为了保护我们不受污染，我们必须对“损友”严加防范，下面就交给你几个实用的小方法，让你轻而易举地将“损友”剔除干净。

知己知彼，百战百胜

周恩来的交友观：“与有肝胆人相处，于无字句处读书。”“有肝胆人”意为忠诚、坚定、无私者，和这样的人共事，便能高瞻远瞩，彼此真诚相见。周总理之所以能成为万世敬仰的伟人，他的交友观定有裨益。所以我们要自觉地剔除“损友”。可是环顾我们的周围，看到的似乎都是笑脸，“损友”在哪里呢？这便需要你观察，观察你朋友的一言一行，“于无声处听惊雷”，综合他的言行，推知他的本性。做到知己知彼，百战百胜，这样才会对“损友”有所提防，而不会在稀里糊涂的状态下误入歧途。

与小人处，在不远不近之间

当你认清了谁是你的“损友”时，你便要打起十二分的精神来应对。因为与小人处，需在不远不近之间。过远，其怨恨；过近，则不逊。要知道“损友”的破坏力是惊人的，我们完全没有必要人为地给自己培养敌人。所以你要同“损友”保持一个远近适宜的距离。

少有利益瓜葛

利益如同藤蔓，若是你和“损友”都长在上面，就注定你们的关系“剪不断，理还乱”。“损友”未见得总是为你带来损失，他的出现没准会伴随着一定的利益，正是因为如此，你才要擦亮眼睛，对某些利益敬而远之。你应该想到鱼儿便是贪一口鱼饵，送上性命，你若是贪图蝇头小利，也有可能收获一块粘在你身上的“狗皮膏药”。对待“损友”抱来的利益，要微笑着拒绝，即便你内心对这份利益垂涎三尺。

保持坚定立场

当一块地面非常整洁的时候，谁都不好意思往地上扔垃圾。“破窗效应”告诉我们，如果你是一块没有被破坏的玻璃，那么你还能在短时间内保持自己的状态。就算是“损友”，也不会在你“冰清玉洁”的时候将你“推下火坑”，所以保持坚定的立场，是非常有必要的。

交朋友不能凭感觉，现在理性一点，将来方便无限

笔者幼时一直生活在内蒙古，平日见惯了“天苍苍野茫茫，风吹草低见牛羊”，后来读了贺铸的《青玉案·横塘路》词，被那句“一川烟草，满城风絮，梅子黄时雨”狠狠地惊艳，顿时对南方的梅雨心神俱往。以为那梅雨定然是裹挟了梅花的点点香气，将那南方古镇笼罩在烟雨迷蒙之间。等到长大，真的在南方遭遇了梅雨天，哪里有什么梅花点点，满城风絮。迎接我的是发霉的衣物，高温的天气……站在窗前对着已经连续5天的梅雨苦笑，“感觉真是不靠谱啊”是我唯一的心境。

感觉真的不靠谱，偏偏很多年轻人认可凭借感觉交朋友。可是大家都认可的就一定是正确的吗？20多岁的人，不管是阅历还是思想，都如同早春第一株嫩芽，尽管鲜嫩可喜，毕竟是未经风雨，对很多事物的认识都有一定的“盲点”。“横看成岭侧成峰”“燕瘦环肥”这些词语的存在告诉我们，从不同的角度、不同的立场出发，所得到的结果是不同的。如果你仅凭自己的感觉来断定一个人可交不可交，那便是犯了主观主义错误。丧失了正确判断事物的机会，甚至对事物产生误解。

可是还是有人哼唱着《跟着感觉走》的曲调，走上了由感觉引导的道路。让感觉先入为主，导致你的耳目喉舌全部失去了原本的作用。这个人不爱言语，定然是内向沉默加抑郁；这个人活泼，必定是轻佻放浪不端庄。这件事，就如同你还没有吃过荔枝，便开始指责它味道不鲜美一样，不仅不公平，而且颇显滑稽。

刘志达在宿舍人缘一向不错，但是他从来不同小孟说话。小孟这个人

太过自私小气，为了9毛钱的水费，敢叫宿舍人均摊。如果你想让他帮你带饭，你必须提前提供饭卡。为了奖学金和助学金，小孟敢跟同学大打出手，这都不算，他还特别的脏。刘志达很少看见他洗澡。“还不是为了省水费吗?”毕业后，刘志达还和大学同学保持联络，只是同小孟断了联系。后来刘志达因故辞职，一时找不到合适的工作，这个时候竟然接到了小孟的电话。这时候的小孟担任一家公司的中层，知道老同学赋闲在家，特别来请。虽然尴尬，但是盛情难却，刘志达还是去了，竟然被热情以待。后来刘志达辗转得知，小孟这个人十分的古道热肠，为人忠厚，当然，现在还是嗜钱如命。谁让他是出自西北农村的，他有个残疾的爸爸，有个精神病的姐姐，有两个念书的弟弟，一家子的重担都压在他的身上。他还是不爱洗澡，那个极度缺水的家乡让他养成了一个习惯，一浪费水心里便会受谴责。

如果，刘志达能放下自以为是的成见，那么小孟和他是否早就建立起坚不可摧的友谊了呢?

人类如同水果，有的人是苹果，表皮光滑的未见得甜；有的人是西瓜，不到最后剖开，你永远不知道他内心如何；有的人是草莓，虽然外表鲜嫩靓丽，但是你不知道它有没有打“化学制剂”；有的人是人参果，看起来其貌不扬，但是营养却最丰富……

你想知道你的朋友究竟如何？永远不要站在外面擅自揣摩，而是要参与进去，从他们的一言一行中，发现他们的内在。如果你只是看人的表面，那么你可能错失一段又一段珍贵的友情。

三心二意交朋友

所谓的三心二意，指的是好奇心、细心、耐心，一心一意，诚心诚意。也就是说，交友，要有探究其内在的好奇心，要有从小节着眼的细心，要有不冲动不急躁的耐心；对朋友要专一，交朋友要真诚。

不要太早下结论

曾经有位女记者想拍一部反映人们生活的纪录片，在她的镜头下，大家看到辛勤的劳动，快乐的面庞。她的影片唯一不和谐因素便是那个一直坐着的懒汉，他面容悲戚，整日都坐在一张躺椅上。看完这部纪录片后，很多人都给女记者写信，表示那个懒汉实在不应该出现在镜头里。女记者不厌其烦地一一回信，信上写的是："'懒汉'是一位英雄，在二战中立下赫赫战功。他之所以坐着，是因为他失去了双腿。他的表情看上去悲戚，是因为他的面部神经被炮弹毁坏。"瞧，人总是自以为是，在不去充分了解事实真相的前提下做结论。

别相信你的眼睛

我绝非抹杀眼睛的功绩，但是事实便是这样，我们的眼睛有的时候会欺骗我们。我们能看到笑脸，但是我们却看不到笑脸的背后是真意还是虚情；我们能看到冷漠，但是我们却看不到冷漠背后的挣扎和苦痛；我们能看到淡然，但是我们却看不到那平静外表下的一团热火……之所以我们说需要对感性材料进行去伪存真的分析，便是因为眼睛也很不靠谱。

有助你成功的人，任何结交机会都不放过

"世有伯乐，而后有千里马。千里马常有，而伯乐不常有。故虽有名马，只辱于奴隶人之手，骈死于槽枥之间。不以千里称也"。简单的一句诗文，道尽"飞黄腾达"同"伯乐"之间的关系。

我们用《红楼梦》中的人际达人薛宝钗来具体分析一下结交祝你成功的人的重要性。我们都知道，薛宝钗本人已经是个富二代了，但是她从来不摆富二代的架子，同狡黠的王熙凤、聪慧的黛玉、豪爽的湘云、和顺的袭人……上自贾母，下至奴婢，都能够兼容并包，而没有相处不好的，这为薛宝钗的成功——晋为宝二奶奶打下了坚实的基础。我们试想一下，倘若薛宝钗到处树敌，或者摆出一副冷清清清者自清的样貌，那么还会有贾母以及王熙凤帮助她掉包林黛玉的事情发生吗？

所以，我们可以得出这样一个结论：有的人一生得意潇洒，有的人一生时运不济。归根结底在于会不会为人、结交人。如果会为人处世，则左右逢源，早日显山露水。倘使不能，那么就会明珠蒙尘，纵然你有经天纬地之才，也会被埋没。即便不被埋没，你的成功之路也比命运预设给你的崎岖很多。

武阳在小区里开了一家蛋糕店，但是因为宣传不善，地段也很偏僻，所以生意一直冷冷清清。他很苦恼，一时之间不知道该如何是好。后来他

发现，小区里的人对保安都很客气，经过一打听才知道，这位保安曾经为小区的安全尽心尽力，曾经亲手抓住过盗贼，进而帮助公安局破获了一个盗窃团伙。生意不好，武阳清闲的时候也很多，没事的时候去跟保安说说话，敬一支烟，或者摆开棋盘杀两盘。一来二去，两个人的关系果真进展神速。武阳偶尔会带一些甜点来，可是保安不怎么喜欢吃甜食，便放在自己的办公桌上。恰好这一天，武阳送完甜点刚走，便有个业主过来，保安便将武阳的蛋糕送给了业主。回到家后，业主尝了尝蛋糕的味道，觉得很不错。第二天还想买一点给孩子，便问保安在哪里买的蛋糕。保安毫不犹豫地告诉了他武阳的店。后来在这位保安的大力宣传下，武阳的蛋糕店渐渐地打出了名头。

这便是人生，你说不好谁会败坏你，谁会成全你。

上帝并没有在帮助我们成功的人的脑门上贴上一个硕大的“贵人”二字的标签，所以如何找到能助你成功的人，并顺利地结交他，还是要看你的本事。

不抛弃，不放弃

对我们成功有帮助的人，自然是“贵人”。“贵人”是一种奇缺资源，不患寡而患不均，找他们的过程往往是“踏破铁鞋无觅处”的，正是因为如此，所以我们要坚持“不抛弃不放弃”原则。不抛弃，你不知道人生路上到底谁是你的贵人，只好带着付出的心态“照单全收”。比如，你喜欢吃茼蒿，但是只要你不放弃地继续翻看菜单，找到你喜欢的茼蒿还是迟早的事情。若是你早早地抛却了菜单，肯定会吃不到自己中意的菜蔬。

主动出击，用心准备

不知道从什么时候起，我们开始“不要同陌生人说话”，在这条原则的惯性影响下，我们错失了很多人。所以结交朋友的时候，需要主动冲击。当然，并不是说你要像没头苍蝇一样嗡嗡乱窜，而是在用心准备的前提下主动冲击。曾经有这样一个故事，一位男子爱慕每日同乘公交车的女子，但是苦无搭讪机会。此人心细如发，发觉女孩子每日所用香水皆有桂花香气。恰逢八月，丹桂飘香。此男便买了一盆开花的桂花送给女孩子，果真博得红颜青睐，竟然玉成一段姻缘。

为他提供和创造价值

“我不是天桥上算命的，唠不出那么多你喜欢的嗑”，一语道尽人脉的真谛——谁也没有义务为你当垫脚石。所以大部分的人脉是这样的，你有绵羊，他有斧头，两两交换，各得其所。老子有云：“将欲取之，必先予之。”你想体会到人脉的好处，就必须让对方感觉到你的好处。只有如此，对方才能尽心竭力地为你帮忙。

不要面子

阮籍看人有“青眼”“白眼”之分，所谓青眼便是正眼看人，表示重视；所谓白眼便是斜眼看人，表示不屑。人呐，不如意事十之八九，最让人闹心的便是世界上所有的人都愿意给你青眼，偏偏你最想要青眼的那个人，给了你白眼，那种苦闷，自然是十分难受的。可是又有什么关系呢？若是因为一时白眼，便将结交的心消减了，那么就不会有“三顾茅庐”等佳话流传了。所以呢，不如将面子扫落尘埃，屡战屡败，屡败屡战，不抛弃不放弃才是正道。

永远珍惜真心维护你、支持你的朋友

在很多单位里，存在着“枭雄”。他们如同拿破仑在世，宛然希特勒再生。遇事从不跟别人商量，最喜好的便是自作主张发号施令，导致他们的行为也是独断专行。虽然这些人自己觉得威风八面，甚至为自己“与众不同”而沾沾自喜，但是他们的成功却注定是短暂的昙花——只有刹那的芳华。

其实这些人的命运已经注定好了，须知一个好汉三个帮，一个篱笆三个桩，没有人能单枪匹马地在现代充当一个独裁者，更要命的是这些独裁者将自己的朋友推得远远的，丧失了自己上进的基石。

没错，在我们的成功路上，朋友充当的是基石的角色。他们就像是两山之间的独木桥，湍流之上的悬索，枪林弹雨中的防弹衣，瓢泼大雨中的雨伞……总是能在最危险的时候帮助你化险为夷。所以一定要永远珍惜真心维护你、支持你的朋友。

王茜茜和孙佳倩是好朋友，两个人在大学时代便建立了友谊，巧的是两人毕业后又进了一家公司，所以两人更加亲密。王茜茜是月光族，所以每个月都荣任“月光公主”，孙佳倩经常性地“接济”她，最后发展到一到月底，孙佳倩便往王茜茜地银行卡里打钱的地步。这个月有点麻烦，从4号开始，孙佳倩不断地接到朋友的结婚请柬。一个月5场婚礼，红色炸弹将孙佳倩都要炸昏头了。她一个月工资不过3000元，租房花去500元左右，吃饭用掉500元，随份子一份400元，这样算下来十分拮据。这个时候刚好王茜茜跟她借钱，孙佳倩便同王茜茜解释自己这个月手头相当紧，没有想到王茜茜不仅不理解，反而气呼呼地走掉了。回到单位到处宣扬孙佳倩小气，这让很多同事大惑不解。毕竟孙佳倩为王茜茜做了这么多大家都有目共睹，但是王茜茜还是不高兴，见到孙佳倩连个招呼都不打。孙佳倩愕然而后伤心，自己相交了这么多年的朋友竟然是这个样子的。后来王茜茜又开始同孙佳倩说话，并表现出很亲热的样子的时候，孙佳倩的态度却是“相敬如宾”。单位人看在眼里，心中也有了个评判，大家对王茜茜都有些疏远了。

王茜茜仅因为一时借不到钱，便迁怒多年来一直帮助自己、爱护自己的好友，并罔顾自己朋友也需要帮助的事实。王茜茜轻而易举地断送了一段友谊，尽管以后她还能同别人发展友谊，但是正如TODAT高级编辑茱莉亚·索姆菲尔德（Julia Sommerfeld）指出的那样：“与朋友一起工作，和尽量与同僚交朋友，这是两个不同的概念。”

阿拉伯世界相传着这样的寓言：两个朋友在沙漠旅行，在旅途中两人吵架了，一个给了另外一个耳光。被打的那个十分生气，便在沙地上写上：“今天我的好朋友打了我。”两人走啊走啊，从沙漠走到了沃野，因为不熟悉路况的缘故，被打者陷入了沼泽。朋友费了九牛二虎之力将他救起，他起来的第一件事便是用刀在石头上刻下：“今天我的好友救了我一命。”朋友很奇怪，说：“为什么我打你的时候你要写在沙地上，而救你却写在石头上，是因为沙漠没有石头的缘故吗？”被打者笑道：“不是，因为你我是最要好的朋友。你伤害了我，我必须遗忘，就像风吹过沙滩时沙滩原本没有痕迹一样。但是你救了我，我就要铭记在心，我要将它刻在内心深处，什么都不能磨灭。”

那么我们能从这则寓言中看到什么教训呢？到底如何才能珍惜维护你的朋友呢？

换位思考

换位思考是非常必要的，不设身处地的话，你将无法理解别人的忧伤，暴躁……一系列的负面情绪。坐井观天的青蛙不能理解遨游天空的快乐，鸿鹄也不能理解麻雀的小小快乐，腊梅不能理解桃李争春的热闹……简而言之，“不在其位，不谋其政”。如果你想要维持你的友谊，就要学会换位思考，替他人着想，理解至上。

信任

一位父亲想要教育儿子，便令儿子上树摘苹果，等儿子上到树上时，却将梯子撤掉。儿子大惊失色，父亲坦然以对，命令儿子跳下来，自己接住他。结果儿子跳下来的时候，父亲却没有接他。儿子很委屈，父亲却说：“就是这样，儿子，世界上即便是父亲有时候也不能信任。”后来儿子又上苹果树上摘苹果，恰好园丁要用梯子便将梯子拿走了。这个时候父亲说：“儿子，跳下来。”儿子胆战心惊地跳下来，以为挨摔是一定的了。没有想到他被父亲接在了怀中。父亲告诉儿子：“就是这样，儿子，世界上还有很多人值得信任。”其实信任是把双刃剑，倘使你信任错了人，比女人误嫁良人还要糟糕。但是若是你能信任对了人，那么他将回馈你更多。

志同道合者是你的最佳合作伙伴，多多益善

道不同，不相为谋，是句古话，但是放到现在，仍然有一定程度的指导意义。在现代社会，每个人的成长过程都大不相同，所接受的教育也是各有千秋，不同的思维方式以及不同的处世心态，让人们拥有了属于自己的鲜活个性。虽然性格、经历、教育等的差异，造就了人不同的价值观，但是“物以类聚，人以群分”还是有道理的。所以在交朋友的时候，一定要交那些志同道合的朋友，这样才能气力往一处用，早日登上成功的康庄大道。

志同道合者是你合作的最佳伙伴，在相同的信念感召下，你们能将熟人的力量化成一股力量。在这种强大的力量下，所有的目标都能迎刃而解，并所向披靡。大家都知道，《西游记》中的唐玄奘当年想要以一人之

力完成西行大业，后来在途中先后遇到了几位徒弟。几人团结一致，并各司其职，终于克服了千难万险，取得了真经。

在《史密斯夫妇》中，更能看到志同道合的好处。史密斯夫妇两人都是杀手，却效命于不同的组织，更要命的是两人皆认为配偶是正常的上班族，于是两人之间的感情在逐渐淡泊。可是影片峰回路转，当两人知道对方都是顶级杀手，并来自敌对组织时，竟然在斗智斗勇的情况下，重新燃起爱火。这便是“志同道合”的妙用——能让人找到热情，找到归属，找到希望。

他们都是偏执狂，明明是中文专业毕业，却对服装设计有着狂热的热爱。他们有的是从小喜欢对自己的衣服修修改改，有的是从来不穿成品衣服，有的一见到流行样式的服装便迈不动步子。这几个家伙阴差阳错地凑在了一起，几人在交流理想后大喜过望，颇有几分找到组织之感。几人商量一下，先考上了某大学服装设计专业，从本科一口气读到了研究生。毕业后，几个人干脆搞了一个小小的工作室，在网上开展业务，帮网友设计各种奇思妙想的衣服，并帮助影楼设计摄影造型。几个人不光对服装热爱，而且还是工作狂，从设计到打版，从车缝到搭配，全部亲力亲为。慢慢地，几个人的工作室打出来名气，从工作室到作坊，到现在的小众专卖店，生意红火不说，几个人的理想全部找到了寄托。

俗话说的好：一家十五口，七嘴八舌头。这个想吃肉，那个想喝酒。如果你在打拼的过程中，你的人脉呈现了这种情况，那么你可能要遭受人脉的连累了。打个比方，你拥有五匹千里马，每匹都膘肥体壮。但是五匹马东南西北各行其道，那么你这辆大车，注定踯躅不前，不倒退不散架便是最好的结果。如果你找的朋友是志同道合的朋友，那么便是大家心往一起使，你的马车自然会顺遂地奔腾。

可是如何才能找到志同道合的朋友呢？

以“认识”论朋友

想要找到志同道合的朋友，就要对朋友有一个深刻的认识。很多人往往被乱花迷眼，只看到事物的表象，而忽视事物的本质。这里有一个笑话：南村有个张大胆，北村有个李不怕。张大胆在集市上买了个南瓜，扛在肩膀上回家。李不怕在集市上买了一口大锅，顶在头上回家。两者在乱坟岗相遇，一人以为碰上了大头鬼，一人以为碰上了双头鬼，各自回家，吓得卧床不起。若是张大胆和李不怕能怀疑一下自己的眼睛，对对方进行客观的认识，那么两人也可免去生病之苦。交朋友也是这样，有的人看上去春华秋实，但是内在却是一团糟粕。有的人看似不思进取，内心却憋着一股子上进之气。所以我们在交朋友的时候一定要对朋友进行深刻的认识。

以“能力”论朋友

如果双方实力相当，那么合作起来便可以事半功倍。倘若实力相差悬殊，即便是朋友也未必肯长期地补充你的短板。所以找寻朋友的时候一定要找双方能力相仿的。考察对方能力的时候，既要看到对方过往的成绩，也要看到他现在的状况以及未来的发展潜力。不要单凭对方的一面之词就草率地决定合作。事前考虑好过事后懊悔。

以“沟通”论朋友

鸡同鸭讲一向是最让人无奈的沟通方式，你说城门楼，他说胯胯轴，那么就算是“意气相投”也不能产生众志成城的效果。打个比方说，虽然你到 A 地只需要 5 分钟，但是偏偏你同 A 地之间的道路不顺畅，你只能绕道，结果反而到了死胡同。这便是路径通畅的重要性。如果你们不能准确快速地理解对方的意图，如果你们对目标的具体理解存在很大差异，那么，在事情执行过程中，很可能因为沟通不当而使事情一波三折无法继续，甚至造成合作破裂。因此，在事前确定双方是否能够很好地沟通，至关重要。如果双方没有沟通的意愿，都喜欢自行其是，无法做到步伐统一，那么这样的合作不要也罢。

以“利益”论朋友

狮子、鬣狗、狐狸都有共同的目标——吃掉羚羊。于是三者精诚合作。可是，等到猎取到羚羊后，它们在分配上产生了巨大的冲突，于是狮子吃掉了狐狸，鬣狗咬伤了狮子，狮子拍晕了鬣狗，在三者出现内讧的时候，羚羊偷偷地逃走了。目标虽然一致，但是并不代表你们能走到最后。当你在选取志同道合的朋友时候，千万记住，你同你的朋友之间不能出现明显的利益冲突。否则你们的合作早晚面临破灭，甚至你的朋友会变成你的敌人。要知道，朋友变成的敌人比原本的敌人更可怕，因为，他了解你，知道你的软肋和弱点在哪儿。

及时融入眼界开阔、人脉广泛者的人际圈

民国时，倘若你说你认识胡适之，那么大家必然要高看你一眼；解放前，倘若你说你认识鲁迅，那么大家必定对你青睐有加；现在，如果你说你同任正非、王石是好友，那么大家必然对你另眼相看。这便是朋友的力量，跟着麒麟走的是美兽，跟着凤凰飞的是俊鸟，若是你的朋友圈尽是贩夫走卒之辈，那么就不要怪大家看你的眼神有问题。

新东方创始人俞敏洪曾经说过一句话：想要知道你的价值，那么便选取你三个要好的朋友，他们工资的平均值，便是你的价值。也就是说，如果你三位朋友都是月薪上万的白领，那么你的领口不用领立洁，也很白。如果你的朋友分别是菜市场卖菜的、街口卖麻辣烫的、转角卖煎饼果子的，那么你多半也是卖油炸臭豆腐的。

不过对于 20 多岁的人不能盖棺定论，因为他们只是一棵青葱的树苗，充满了各种可塑性。所以对于 20 岁的年轻人而言，及时融入眼界开阔、人脉广泛者的人际圈是大有裨益的。因为在这个年龄段的年轻人，心思如同一张白纸，你若泼墨，便是一幅写意山水；你若雕琢，便能成就一幅工笔牡丹。不同的人，给予年轻人的方向是截然不同的。

孔子说："益者之友，损者之友，友直，友谅，友多闻，益矣。友便僻，友善柔，友便佞，损矣。"朋友的品质如何，对一个人的影响是极其巨大的。结交好朋友，年轻人会受益终生；结交一个坏朋友，必然会贻害无穷。

李少君被捕的时候，望着老泪纵横的母亲，心中很难受，他深深地后悔，如果当初自己不跟坏朋友相处的话，也许还能找到一份别的工作。李少君毕业的时候，一时之间找不到工作，便赋闲在家。恰好他一个高中同学也闲在家，便总是来找他。李少君便慢慢地融进了对方的圈子，这个时候他不知道的是，他的高中同学之所以闲在家中，是因为两年前他失手将人打伤，被劳教了两年。这个同学的朋友圈子也大多是些游手好闲的人，无所事事地不知道该干些什么。后来这个同学策划抢劫，李少君脑袋一热

也答应了，准备大干一票后获得人生的原始资本。没有想到，东窗事发，李少君被逮捕。而跟李少君一起毕业的丛少华，却选择了截然相反的道路。丛少华毕业后，也是找不到合适的工作，他有驾驶证，便在土地局当临时司机。经常“迎来送往”，认识了很多比较上得了台面的朋友，后来也正是这些朋友帮助丛少华找到了适合他的工作。

虽然，我们得承认，外因是通过内因发挥作用的，但是我们无法否认的是外因能发挥巨大的作用。

《庄子》中曾经有这样一句话：“夏虫不可语冰。”一只活在夏天，只会在夏天鸣叫的虫子，它必然不知道冬天的冰雪具体是什么样子。诚如此理，坐井观天的青蛙无从知道蓝天的广阔，鼠目寸光的人无从知道世界的广阔。只有你踏入眼界开阔、人脉广泛者的人际圈，你的人生才会豁然开朗。

选择合适的舞台，才能成就你的梦想

CCTV曾经有这样一则广告：美丽的少女在跳舞，她在不断地旋转。旋转过村庄，旋转过小镇……旋转过世界的舞台，广告语是：“心有多大，舞台就有多大。”三尺长的鱼，如果在两尺五的鱼缸里，对于缸，对于鱼，都是一种巨大的煎熬。所以心怀梦想的人，一定得找个适合自己的舞台，找到一个适宜的舞台，才能发挥自己最大的潜力。而眼界开阔、人脉广泛者的人际圈，是一个不错的舞台。这种舞台便于你找到适合自己的“配角”，适合自己的“智囊”，适合自己的“团队”。

朋友的朋友的朋友，依然是朋友

中国有这样一则寓言：皇帝爱上围棋，决定嘉奖围棋这项游戏的发明者。围棋的发明者很低调，说我只想要一粒米。不过，只要在棋盘上的第一格放上一粒米，在第二格上放上二粒米，在第三格上加倍至四粒……也就是说，每一个格子均是前一个格子的双倍，直到放满整个棋盘为止。结果，这个让皇帝看起来微不足道的要求，竟然耗尽了王宫里面所有的米，而棋盘上的格子还有一大半没有填充完毕。将这条原则放在人脉学中，那么朋友是有朋友的，朋友的朋友还是有朋友的……就像是棋盘上的米一样，如果你能利用得好，那么所有的朋友都能为你所用。当所有的朋友都托起你奔向成功的时候，那么成功于你必当唾手可得。

提高自己，增加自己的价值

如果有这样的一个工厂，无论是商品的原材料，还是加工、包装、运输、投入市场，各个环节全部都是无懈可击，可是偏偏在投入市场后的销售时出现了问题，那么一切都可能前功尽弃。如果你不增加你自己的价值，那么你很有可能便成为拖累整个团队的“短板”，而在团队中，“短板”是不容许存在的。所以你想要融入一个视线广阔的人脉圈，首先你要提高自己，增加自己的价值。提升自己的价值后，让你所中意的人际圈向你伸出橄榄枝。

第三章 我年轻我怕谁，主动一点没关系

成功大师卡耐基告诉我们，主动对别人表示兴趣和关心，就能交到更多的好朋友。的确，主动交往对人际往来起着积极作用，它能促进人际关系的结成，并能进一步巩固人际关系。但是很多年轻人在人际关系中，仍旧怀揣“守株待兔”的思想，就算是真被你“瞎猫碰上死耗子”，等来一只“兔子”，哪里有你怀揣猎枪，主动出击打的兔子多呢？

所以年轻人还是主动地去同人交流，展示自己的能力和优点，不断主动地扩大自己的人际圈子，而不是被动地等待别人来结交。

无须恐惧，谁都不是天生的“外交家”

前几日曾经坐城铁，两辆列车擦身而过，能清楚地看到另一辆列车上乘客的脸。便想起了《西厢记》中的一句话：“人远天涯近。”可不是，就像是《向左走，向右走》中描述的那样：都市里的大多数人，一辈子也不会认识，却一直生活在一起。便想起了那句流传甚广的话语：“我在佛前五百年的跪拜，才换得你今生一次的回眸。”才知道，原来那些同我们擦肩而过的陌生人，同我们也有莫大的渊源。

可是有渊源又能如何呢？中国的传统向来是“不要同陌生人说话的”。陌生人就像是“细菌”，一定是要被严防死守的，被层层检验处处过滤的。在这种情况下，我们的生活圈、工作圈就像是一块压缩饼干——被压缩了无数次，造成了我们的人际圈子丧失了本该的鲜活。可是我们在对陌生人保持十二分的高度警惕时，有没有想到：我们最初的朋友都是由陌生人演变而来的。只要你尝试着同他接触，没准这个陌生人便是你的朋友。

有的时候，陌生人是你扩大交际圈的唯一来源，甚至是扩展你社会关

系的基础。所以，同陌生人打交道是你交朋友的重要途径！不过中国人历来是好面子的，还没有张口，各种顾虑便呼啸而来了。他会不会给我难堪？他会不会不搭理我？他会不会是坏人？在各种顾虑下，原本打好的腹稿便真的成了腹稿，永远没有“出口之日”。其实当你鼓足勇气，让口中推推搡搡的语句喷涌而出的时候，也许你的顾虑便烟消云散了。

袁萍萍进入实习期后，总是觉得单位的前辈们同自己格格不入。自己这个纯粹的“学院派”跟他们总是搭不上话，她也曾试图牵几次话头，可是都碰了不软不硬的钉子。在面子的作祟下，袁萍萍也不愿意用自己的热脸蛋贴别人的冷屁股，索性缄口不言。这样一来大家更漠视她了，吃饭工作游玩，全部自动地忽视她，让她变成了单位里的隐形人。袁萍萍自己也很苦恼，但是形成这种局面，似乎自己也难辞其咎，只好闷闷不乐地工作。这天，她去传达室取报纸的时候，发现单位竟然还订了《大众网络报》，她如获至宝，亲自将报纸为一位前辈送去。并问了一句，“您玩魔兽吗?”前辈抬抬头说：“玩啊，九区，雷霆万钧，不可不戒。”袁萍萍说：“这么巧，我也是九区，我叫没头脑，我的宠物叫不高兴。”两人攀谈开来，袁萍萍的等级比前辈还高呢，谈到最后，两人跟好哥们似的。

面子，多少钱一斤？注重面子是一件很没有意义的事，它不能帮你解决你的工作问题，不能帮你提升职位，不能帮你提高薪水，不能帮你提高技能……奉劝年轻人，把面子踩在脚底下，然后再跺一下，完全忘记它的存在。

谁都不是天生的外交家，不善言词，不与人交流，很难交到朋友；但口若悬河、滔滔不绝，也容易引人反感。怎样才能恰到好处地展示自己，如何才能让自己变成外交家，将陌生人变成熟人呢?

你我一样

心理学中有“自己人效应”。如果你的同事告诉你，某人是坏人。你会心中突突，想到这个人是不是在挑拨离间。如果你老婆告诉你，某人是坏人。你会心有戚戚焉，并对某人保持一定的距离。同事和老婆说的话是一样的，但是为什么你会相信自己的老婆而不相信自己的同事呢？这便是“自己人效应”在作祟。所谓“自己人”，是指自己把对方归于同一类的人。“自己人效应”是指对“自己人”所说的话更信赖、更容易接受。我们大可以利用这种“自己人效应”，让陌生人觉得你很不错。如何让自己变成对方的自己人呢？只有找到双方的共同点。这就相对比较容易了。因为一个人的外表装饰会透露出人的内心，比如一个穿金戴银、恨不能把钞票当成皮草穿在身上的人，大多是暴发户；比如一个手持书本，温文尔雅的人，很可能是一个知识分子。从对方的服饰、举止、谈吐，看对方的精神状态和生活习惯，看清楚对方和自己有什么相同之处，这样从陌生人到熟人也许只是一句话的问题。

征求建议

卡耐基曾经说过，想要获得人的好感的最保险的途径便是“征求建议”。我们来假设一个场景，两个陌生人相对无言，场面尴尬。这个时候，如果你问他：“我能同你做朋友吗?”那么对方肯定是惊吓大于惊喜；不过你若是能说：“嗨，你的发型真不错，我怎么老找不到适合我的发型呢?”那么对方肯定会很认真地同你说话。如果你的话题对方感兴趣，那么好，你们就可以继续交流了；如果对方不感兴趣，那么你只好再换点话题，万千话题，总有一款适合你。

诚意真的很重要

诚意是所有友谊的基础，是建立友谊的基石。不管你的外表多么花枝招展，不管你的话语多么感人至深，但是缺乏诚意，人们总是不愿意同你建立比较深厚的友谊。如果你开车去加油，工人们接待你，有人为你洗窗，有人帮你检查刹车，有人帮你量轮胎气压，可是偏偏没有人给你加油，那么这些服务有什么意义。“加油”便是“诚意”。

脸皮不妨厚一点，人不过来你过去

“面子”是一个非常古老的词汇，熟悉得以至于你没有办法对它熟视无睹。比如老舍《茶馆》中的松二爷，宁愿饿死也不愿意放下旗人的面子。当然，一个人不可能不要面子，但是绝对不能死要面子。那些死要面子的人，往往会丢了面子。

毫不客气地说，年轻人对脸面的热爱尤甚。“面子”是他们自我伤害的导火索，是他们情绪巨变的晴雨表，更是阻塞他们人际关系的最大绊脚石。常常看到一些年轻人虽然心中羡慕，却摆出一副不屑一顾的样子来："我才不屑同某某为伍呢。"其实内心早就心神俱往，当这种不屑阴差阳错地传到"苦主"耳中，平白无故两人之间有了嫌隙。这个时候当事人就算内心叫苦不迭，偏偏还要装出一副不以为然的样子，真是应了中国的那句老话："死要面子活受罪"。

其实人际关系中，我们不必自己难为自己。如穆罕默德，不也说过"山不来就我，我便去就山罢。"先贤尚且如此，你我凡人，更当如是。

年轻人，面皮厚点不吃亏。俗话不是说吗，撑死胆大的，饿死胆小的，脸皮厚便是胆子大的象征！更何况，年轻人即便是脸皮厚人也不会被嘲笑，反倒认为你是天真烂漫，没心机。若是你做事动辄畏葸不前，或者摆出一副清者自清的模样，那么别人看你的眼光便复杂了。

话说回来，人不过来你过去也是说起来容易做起来难，我这里倒有几个实用小方法。

搭讪搭讪再搭讪

让陌生人注意到我们，信任我们，没有比搭讪更好的办法了。什么是搭讪，就是为了跟人接近或把尴尬的局面敷衍过去而找话说，寻找话头借以展开攀谈。搭讪最大的好处在于它能让你轻松地扩大交往圈子，从此走出人际疏离，让自己活得自信而开心，对自己和他人都充满兴趣和热情。而搭讪的关键，就是找到共同的话题。

对别人充满兴趣

奥地利著名的心理学家阿尔夫·阿德勒曾经说过："对别人不感兴趣的人，他一生困难最多。"事实上也是如此，如果对方觉得你对他不感兴趣，甚至是鄙薄的，那么是不会跟你"合群"的。为了让我们的话题成为展开交谈的媒介，为了让我们的话题成为深入细谈的桥梁，我们一定要选择对方感兴趣的话题，让这个话题成为一个中心，而后你们一定会语花四溅。

向别人询问问题

先抛出几个问题了解一下对方的大概喜好和兴趣等，而后再进行有目的的交谈，不仅能避免无的放矢，而且能快更好地了解对方，因为每个人都乐于跟对方谈论最熟悉的、最喜欢的话题。

观察入微

并不是每个人都乐意回答你的问题，在一定的情景下，观察入微法就有了用武之地。观察入微就是从对方的着装、对方的气质、对方的谈话习惯等方面，断定对方感兴趣的事物是什么，这一点非常有用，对方的喜好总是能在外部表现出来。比如“非主流”，一般身上的环总是要超过三个；比如暴发户，戴的金链子总要比小拇指粗。注意对方的外部细节，可以让我们顺利找到共同话题，从而展开我们的搭讪行动。

《太平御览》卷七八引《风俗通》说，“俗说天地初开辟，未有人民，女娲抟黄土为人；剧务，力不暇供，乃引绳于絙泥中，举以为人。故富贵贤知者，黄土人也；贫贱凡庸者，引絙人也。”看来从女娲造人起，就已经有等级之分了。而我这里说的并不是等级之分，而是说，人的穿着或者行为动作，往往是给自己的身份、喜好做的最好的标签，想要同人好好地搭讪，了解这些标签必不可少。

内向不是借口，社交要在实际中锻炼

从市井流氓发迹，最终跻身上流社会的韦小宝，为什么会成功呢？从韦小宝的硬件上看，出身不佳——母亲是“小姐”，而且“父不详”；容貌不佳——看上去就很“无赖”，果真很“无赖”；学历呢——更不用看，跻身上流社会后，依然是满口白字……从现在的流行审美观点看，韦小宝实在不像是一个能跻身上流社会的成员。从韦小宝的软件上看，似乎也不佳。他好色，冲动，狡猾……看之不似君子，等仔细一看，还不如乍一看呢。但是韦小宝偏偏能成为韦爵爷，到底韦小宝的优势在什么地方呢？答案便是韦小宝能巧舌如簧，善交际，讲义气。

巧舌如簧是成功的第一要件，“上士杀人用笔端，中士杀人用舌端，下士杀人用石盘”，由此可见舌头的厉害。不过有的人表示，自己内向怎么办呢？内向不是一个好借口，它既无法帮你谋求一份世界五百强的工作，也不能帮你在四环内买一套房子，更不能帮助你承受老板的责骂，也不会在你被炒鱿鱼的时候帮你求情，甚至也不能帮你承担生病的痛楚和失恋的痛苦……内向，在这个竞争激烈的社会中，连当借口的可能都没有。

内向虽然不是什么坏事，但内向也确实阻碍着人的交际。好在内向完全可以通过实际中的锻炼改正过来。

今年3月份，马卫军从深圳回到湖南，2007年马卫军从大学毕业，便一直在深圳从事JAVA方面的开发工作。按照道理来说，马卫军已经有将近4年的工作经验，工资应该有相应的上调才是。老板面试的时候非常满意，但是马卫军比较内向，有点胆小，在跟老板地谈论底薪的时候，他甚至脸红了，不敢多要工资，只吞吞吐吐，唯恐吓到老板地开到了3 500元。老板瞠目结舌，要知道，刚毕业的大学生起薪还要3 000元呢。老板看到马卫军这个样子，无奈地主动将马卫军的工资上调到4 000元。马卫军觉得自己内向的性格真是自己的大包袱，可是自己已经27岁了，该如何改呢？

马卫军的困扰让我想起了一个墓碑的墓志铭：“当我年轻的时候，我的想象力从来没有受到过限制。我梦想改变世界，然而当我成熟之后，我才发现改变世界是一个艰巨的任务。于是我缩短视线，希望能改变我的家庭。遗憾的是，我的家人不支持我的‘改革’，我只能将目光缩短在我身上，后来我沮丧地发现，我连我自己都改变不了。这真是太遗憾了。但是当我躺在医院的病床上的时候，我忽然发现一切都不是我想象的那个样子，我应该由容易到困难一点一点地来。我先改变自己，那么家人便有榜样参照，我的家庭会很快改变。当我的家庭改变的时候我会没有任何后顾之忧地继续上进，将来也许能为国家做贡献。”

儒家的思想“修身齐家治国平天下”便是本着这样的一个思路，可是如果你连自己都改变不了，那么“一屋不扫，何以扫天下”？

大胆出击

说到李阳，大家可能会想到疯狂英语的创始人，全球著名英语口语教育专家，英语成功学励志导师，但是你们肯定想不到李阳小时候的样子。李阳只是一个普通的孩子，他害羞、内向、不敢见陌生人、不敢接电话、不敢去看电影，甚至做理疗时仪器漏电灼伤了脸也不敢出声。但是当他决定放口一搏的时候，经常选择在人口稠密的地方大声用英文演讲，才成就了今天的疯狂英语。那么内向的你还等什么呢？

内向的人最讨厌的就是主动，想要改变内向的性格，必须学会主动。在同陌生人交往的时候，可以主动去搭讪；与同事交往的时候，可以主动表达自己的观点。大胆而主动地表达自己的观点，才能成功地推销自己。

先易后难

心理学中有“登门槛效应”，也就是说当一个人接受了一个微不足道的要求时，便很有可能接受更大的要求。我们克服内向的技巧便是利用这种“登门槛效应”，先简单后困难。第一步选择同自己比较亲密的人进行训练，你们可以谈任何话题：阿根廷的足球、楼下的妹妹、苛责的上司、繁重的工作都是谈话内容。你们可以发牢骚、骂人、针砭时弊，随便你怎么来。只要你长期坚持说话，你便会发现，你想说话的欲望如同奔流的江河一般喷涌而出。

只要心意诚，就有朋友找上门

《水浒传》中有大量的章节在描述人脉的重要性，比如最终成长为梁山集团 CEO 的宋江，仅凭业内绰号“及时雨”便能获得大家的欢迎。可是在宋江到来之前，这些人和宋江都是素未谋面，却仰慕已久。所谓“人的名儿，树的影儿”，虽然当时的宋江只是个县长秘书，而且在岗不在编，但是他对待有困难需要帮助的朋友，一向是尽心竭力。得了好处的人便开始到处宣扬他的名声，久而久之，宋江便落下了一个“及时雨”的名号。

这告诉我们什么？这告诉我们只要心意诚，就有朋友找上门。而且在“马太效应”——凡是多的叫他有余，凡是少的连他的仅有也剥夺过来的强大影响下，你的朋友就会像是滚雪球一样越滚越大。现在社会，人都精明无比。如果你对待朋友不真诚，倘使只有一丝一毫的破绽，朋友们也会尽收眼底，并以此给你打分。

其实“以诚心论朋友”古来有之，就像是孔子也曾说过“与人谋而不忠乎？与友交而不信乎？传不习乎？”马克思说得比较直白：“友谊需要用忠诚去播种，用热情去灌溉，用原则去培养，用谅解去护理。”友谊譬如种植，讲究的是“种瓜得瓜，种豆得豆”，如果你种了一粒发霉的种子，要么种子永远无“出头之日”，要么会结出一粒发霉的果实。

大龙是圈子里人缘最好的人，特别讲义气，大家也愿意结交他。2007年的时候，大龙出差在外地，恰好王庆慧结婚，大龙二话不说，打过来1 000元礼金。2008年，大龙在香港进修，王鹤结婚，他特地买了一套施华洛世奇水晶饰物快递回国，花掉了奖金2 000元。2009年，梁松结婚，大龙跟他玩得最好，特地包了一个6 000元的大红包。大家接到礼物礼金，纷纷给大龙打电话表示大龙太够意思了。可是礼金这东西都是讲究礼尚往来的，2010年结婚的大龙，寻思着大家肯定也会给自己包个红包，甚至还心细地想到了几位家庭情况不好的朋友，还想给他们发一封邮件，委婉地告诉他们人来了就好，礼金到不到的就是那么回事。结果，让大龙惊讶的事情发生了。那几位经济条件不佳的朋友都来了，反倒是王庆慧、王鹤、梁松这几位一位没来，甚至连条祝福短信都没有发。大龙心凉了。结婚不久，这三个人在不同时段找到了大龙，都打着哈哈地给大龙道歉，说自己忙，忘记了大龙结婚，该死该死什么的。随即将真实意图和盘托出，我有点事情需要大龙哥帮忙，大龙冷眼旁观看他们的表演，觉得演技太过拙劣，并深深地诧异，为什么自己会认他们为朋友呢。当然，他们的请求，大龙也打着哈哈地应付过去了。

这个世道，谁比谁聪明多少？你自以为是的小手段、小伎俩，也许都被别人尽收眼底，并成为你这个人品行的标签。只不过，别人没有和盘托出而已。如同王庆慧、王鹤、梁松之流，周身散发着小市民的狡黠，以为占了别人一点便宜便是千好万好，若是还回去一点，便是大大吃亏。这种人，怎配“朋友”二字？

朋友是什么？是相互扶持、相互前进的两股拧在一起的力量。是你们去驰骋沙场的时候，将自己的性命托付给对方的人。若是朋友不诚心，你怎么敢去放手一搏。当然，就算是你敢放手一搏，那么等待你的也是战死！

不过说起来容易做起来难，如何才能让自己变成有心人呢？

对待每个朋友都诚心

在19世纪末20世纪初，意大利经济学家巴莱多发明了“二八定律”。

根据这则定律，在任何一组东西中，最重要的部分只占据了20%。将这则原理套用到交朋友中，也就是说，倘使你对待大部分朋友是诚心诚意的，但是对待小部分朋友却虚以委蛇。那么你交朋友是否诚心，却由这小部分的朋友说了算。如果你真的想让自己有个“诚心”的口碑，还是老老实实地诚心对待每个朋友比较好。

善始善终

所谓的善始善终，就是当你最初以什么形象出现的，你最好保持。心理学中有“定势效应”说，是指有准备的心理状态能影响后继活动的趋向、程度以及方式。打个比方说，你每次见到你的朋友都是大手大脚地请客吃饭、去KTV消费等，但是如果你有一次不这样做的话，有些朋友便会生怨了。所以，我们不能用伪装的样貌去交朋友，如果我们伪装的形象在朋友的心中出现了心理定势，那么当我们恢复本来面目的时候，朋友会认为我们虚伪、薄情。

别再清高，主动融入别人的圈子

“出淤泥而不染，濯清涟而不妖”，是一些20多岁人的口头禅。他们对着“污浊”的环境大摇其头，似乎自己才是倭瓜地中唯一一棵西瓜秧，自己就是误落鸭场的白天鹅。他们摇头：“谈生意跟喝酒有什么关系呢？我不喝！”他们叹气：“怎么办公室还侃黄段子呢？我不说！”他们痛心疾首：“怎么能跟女同事一起谈论电视剧呢？我不谈！”三番两次，大家也颇为识相，对这朵清高的白莲花敬而远之了。于是选举没有他的份儿，聚餐没有他的份儿，升职没有他的份儿，恐怕要等到他成为边缘人后才后知后觉：清高的自己没有融入圈子，到最后竟然没有了位置。

诚然，“出淤泥而不染”是一种很好的品格，但是在协作如斯紧密的今天，你清高，给谁看呢？打个比方说，大家都知道菜市场的黄豆芽，一粒一粒，不沾不染，很可爱的样子。此时的黄豆芽市场价为2元人民币一斤，但是若是放下清高，沾染了油盐酱醋肉，这时候的黄豆芽叫肉炒豆芽，12元人民币一盘，价值增长了五倍左右。社会是个什么地方？那是一个大厨房。我们作为原料，不管是油麦菜还是大白菜，都要经过煎炒煮焖炖，都要经过油盐酱醋茶。职场让我们改变了原本的状态，同时也让我们变得有了味道，有了价值。

事实上，清高只能留给自己，而自己给予别人的应是谦逊、亲和。须知社会上圈里圈外，圈里圈套，都离不开“圈子”二字。打个比方说，世界500强的员工怎么招聘呢？通过网络招聘或者直接招聘的人员都少之又少，通常不会超过需要员工的数量的1%，也就是说如果一家500强外企招聘100个人的话，那么通过网络或者直聘的人不到10个，这就是很多人给世界500强企业海投简历通常石沉大海的原因，他们连面试的机会都没有，更甭说自己的简历被HR看到。而那些被推荐的人，都是和外企的高层、中层甚至底层有交往的人，也就是说，他们进入了这个“圈子”，而后才被推荐，而这种推荐恰好是高效的。

“清者，洁净也。高者，高处不胜寒也。”韩梅梅便是这句话的忠实拥护者。高处不胜寒还会有什么发展？于是新入职的韩梅梅很认真地融合当下单位的圈子。不过韩梅梅没有兴冲冲地冲到别人中去，而是在观察。她发现办公室有几个核心人物，大家对这几个核心人物礼遇有加而且唯其马首是瞻。经过观察她发现，这几个核心人物的喜好均不相同。有喜欢八卦的，有喜欢看电视剧的，有热衷炒股的，有偏好文学创作的。韩梅梅对症下药，先是请教文学爱好者几个文学问题，让文学爱好者对于韩梅梅的上进心大为肯定。又同喜欢看电视剧的交流了下对当前热播剧的看法，同时询问股票爱好者该买点什么股票好，又兴致盎然地听了几段无伤大雅的八卦。几个核心人物对韩梅梅的“青眼相向”，让同事们看出来了，没过几天，大家也开始对她表示了极大的好感。韩梅梅顺利地融入单位的圈子。

木秀于林，风必摧之；堆出于岸，流必湍之；行高于人，众必非之！虽然清高者自我感觉良好——自己站在道德的制高点上，可是站在山下的人同他拥有一样的感受，那便是在彼此眼中，对方都一样的渺小。大家都是尘世中的一粒微尘，风天肆虐，雨天污浊，你有什么可清高的？你清高又给谁看呢？不如将清高尘封起来，而后积极地融入圈子，并早日谋求到自己的位置。

那么该如何融入圈子呢？

观察，而后相机而动

不同的圈子，有不同的内容。你要做的第一件事，不是盲目地一头撞进这个圈子，而是要先观察这个圈子所崇尚的“主流”。比如说，IT 的圈子都在讨论编程，汽车发烧友的圈子三句话不离汽车，餐饮业圈子目前正在对某几个负面新闻上身的知名餐厅隔岸观火。你必须要明白这个圈子是什么圈子，而后才能相机而动。

QQ 群，是个初期的职业圈子

网上经常有互助性的 QQ 群，是为了专门加入某一个公司、行业或需要而建立的，就像是跟准备出国的人申请同一个学校一样，有的成员就可以因为自己的特别途径邀请到富有经验的职业人士加入做指导，这样加入该群体的其他成员也就可以共享到资源了。这样的群体其实也可以说是一个初期的职业圈子，因为在这个群里面的人，基本上以后都还是会在一个行业里面工作，而且各自也都会逐步成长起来，建立起线上线下的联系以后，将来也就会发展成为职业的群体。

同样背景的圈子，是你最强大的圈子

除此以外，对于学生或者职场新人而言，有没有什么其他的途径建立自己的社交圈子呢？当然是有的。例如老乡会、校友会，同一个老师的师兄、师姐、师弟、师妹等。一位北大的研究生，通过作学校的 MBA 课程助教，认识了 MBA 班级里面各个行业的职业人士，最终在毕业的时候得到 MBA 学员的帮忙推荐，而获得自己心仪的公司的工作。

个人兴趣和爱好，是你加入圈子的法宝

比较小众的途径就是通过个人的兴趣、爱好。人，作为社会性动物，有着各种各样的需要，所谓千人千面。有的人工作之余喜欢打羽毛球、踢足球、打篮球、打高尔夫等等。比如很著名的绿野，是一个集合了很多喜欢户外活动者的集体组织，这个组织里面有学生、老师、白领、企业老板、自由职业者，还有其他形形色色的人们。共同爱好是你加入一个圈子并共享其资源的法宝。

不要锋芒毕露，心态平和关系才好处

虽然唐骏深陷“学历门”“演讲门”多重门中，但是唐骏“草根英雄”和“打工皇帝”的身份却不会动摇。唐骏曾经总结出一个“4＋1定律”，“4”指的是大量摄取知识、找寻适当的机遇、勤奋进取、奋斗时的激情。而“1”指的是你的性格。唐骏的说法同《中国当代名人成功素质分析报告》不谋而合。《中国当代名人成功素质分析报告》将人的性格同成功之间的关联作为一个课题进行研究，得出如下结论：“性格，在成功者的发展轨迹中占有十分重要的位置。”

但是很多人并不理解成功同性格之间千丝万缕的关系。20多岁的年轻人，在学校成绩好便能轻而易举地获得同学的羡慕、老师的垂青。即便是为人清高孤傲了点，大家也都持以宽容的态度。但是一进入社会中，这种情况便可以告一段落了。因为社会中竞争是多方面的，“以成绩论英雄”的时候越来越少。更多的情况下是，大家根据你的综合素质对你进行评分。有些人虽然能力出众，但是性格如同霹雳火，动辄大发雷霆，别人对他便丧失了几分亲近；有些人性格温柔，却能以柔克刚四两拨千斤；有些人性格刚毅，大刀阔斧地进行改革难免有失人心……性格能决定一个人的思维方式，也能决定一个人的处事方法。所以不管你是什么性格，都不要锋芒毕露，心态平和关系才好相处。

吴立辉和慧慧一起进入公司，吴立辉擢升得比较快，凭借着较强的业务能力，大有一副公司能人舍我其谁的架势。对待元老也是一副爱答不理的样子，称呼老员工都是直呼其名。相比较而言，慧慧便低调得多，她是逢人便是开口笑，“哥哥姐姐”这样的称呼长期挂在嘴边上。她的业务能力也不错，做了三年也熬成了尖子。等到年初的时候，吴立辉和慧慧都被派遣到子公司去锻炼，总经理让他们选才。吴立辉挑选的业务尖子们纷纷找事由推脱了吴立辉的“点将”。却有几名业务尖子主动请缨，愿意同慧慧同甘共苦。一时间，吴立辉相当被动。

不过依照吴立辉的态度来看，他会继续被动下去。吴立辉验证了威廉·詹姆士说的话：“播下一个行动，你将收获一种习惯；播下一种习惯，你将收获一种性格；播下一种性格，你将收获一种命运。”人生路上，成也是性格，败也是性格。好的性格成就你，坏的性格败坏你。文学家大抵对事情洞若观火，于是唐吉·诃德之父塞万提斯便曾经给世人以忠告：“每个人的命运都是由自己的性格决定的。”

如何拥有好的性格？

自负，有多远扔多远

自负，是负面情绪中杀伤力最大的。有的自负，让自己画地为牢，将自己的心灵竖起高高的围墙，外面的人进不来，里面的人出不去；有的自负，成为嫉妒衍生的温床，直至锻造成一把尖刀，若不是插进别人的胸膛，就是要割伤自己。所以，想要拥有好性格，自负这种坏东西，有多远扔多远。

孤僻，有多远扔多远

如果你是开发商，要选择地段投资楼盘。你会选择地处茫茫大海的一个荒岛呢，还是会选择一个市中心的地段呢？如果开发商脑子没有进水的话，他不会选择小岛作为住宅区开发。孤僻的人便如同这座小岛，前不着村后不着店，就算是有人想要帮助他提携他都无从下手。孤僻的性格纯粹是自己找不痛快，为自己的成功人为设置障碍。所以想要成功，便要将孤僻的性格扔进下水道，并狠狠地冲水。

多疑，有多远滚多远

经历了2008年美国次贷危机后，五大投行仅剩下三家屹立风雨之中，岿然不倒。其中摩根斯丹利还在2008年如斯迅猛的经济危机中，保持盈利的状态，不可不说是一种奇迹。奇迹的创始人J.P摩根曾经说过：“决定我成功的根本条件便是性格。性格甚至比资金还要重要。”现在大家明白性格的重要性了吧。但是偏偏有人生性多疑，仅仅通过“想象”便把生活中各种无关紧要的事情以诡异的逻辑、变态的思维组合在一起。把别人无意的行为，误解成为对自己怀有敌意。为了防止这种莫须有的敌意，他便开始“先下手为强”，提前对别人进行欺骗、伤害、暗算，甚至要弄阴谋诡计，这样的人，如果是你，你愿意跟他共事吗？

贪婪，有多远滚多远

世界上最大的民族是不满足（族）。很多人喜欢得寸进尺，贪图一些小便宜。别人若是容忍，必然要得陇望蜀；别人若是不容忍，便招来怨怼。这样的人，在日常生活中，占有欲很强，根本不知道分享为何物。大家对于这样的人，更是敬而远之，不愿意与之相交。所以，想要让自己拥有一个好性格，就要学会给自己的欲望上把锁。

主动索要别人的联系方式

“远亲不及近邻”，充分说明了人脉维护的重要性。即便是有血缘关系的亲戚，不常来往也会生疏；即便是普通邻居，因为生活中常有交集，之间的感情反而会亲厚很多。朋友之间的感情发展，就像是银行业务中的零存整取，平时一点儿一点儿地储蓄，到了一年、两年后就有一笔钱了。朋友之间的关系同样需要维护和经营，平时互相不来往，相当于不存钱；有事才想到找朋友帮忙，相当于从存折中取钱，只取不存，存折迟早会空的。

但是维护人际关系存在一个巨大的前提，那便是你们的关系已经存在了。很多年轻人容易走进的误区是不断地巩固原本的人脉而对新人脉视而不见。两种情况催生了这种心态，第一种：那人正在坐“冷板凳”出头无望，不值得结交。这种想法跟马前泼水的朱买臣被笑话了好几千年的太太一样无知，因为每个人在职场中都有高潮和低谷之说，“生命不息，工作不已”的情况下什么事情不会发生？今天他还在坐“冷板凳”，没准明天就成为老板面前的“紫茄子”。今天他还是你的“前辈”，明天没准就是你的上司。今天他一文不名，可是明天就是职场红人，大家都得仰他鼻息，今天你当他是“空气”，明天就发现离开了“空气”，你的职场开始窒息。

第二种情况，虽然同在一个公司，但对方跟你没有多大交集，没有必要花精力去结交。这更是一个认识误区，事实上办公室有些人，职位不高，权力不大，似乎跟你八竿子打不着，可是他们所处的位置是十分重要的，影响无处不在，可以说，他们就是办公室的“意见领袖”，别人对他们的话是言听计从，而且他们资历比你高的不是三年五载，在办公室经历的风雨对你来说相当于整个太平洋的风浪。你的井水不犯河水，在他们眼中如果等同怠慢的话，那么要在你身上找点毛病、失误，简直就像在一盆大米中挑几个蚕豆那样容易。为了保险起见，你还是跟他们建立一定的联系比较好。

如何与人建立联系呢？最简单的一招便是主动索取别人的联系方式。

推销自己是非常困难的事情，但是对于方秀明而言倒是易如反掌。他口齿伶俐，能力超群，早在毕业前就担任过业内的兼职，所以他自信满满一定能在面试中胜出。面试官提的问题，方秀明都能对答如流，面试官不断地点头微笑，方秀明内心暗喜。面试官虽然对方秀明十分的满意，但他觉得这次招聘的职位并不适合他，便表示："你可以留下你的联系方式，等到我有合适职位的时候通知你。"方秀明闻言，大喜过望，忙将联系方式写下交给面试官。可是等了又等，面试官方面依然杳无音信，方秀明无奈另找工作。机缘巧合，方秀明又一次遇见面试官，面试官惊喜地叫住他，说："秘书粗心把联系方式弄丢了，我们公司有个特别适合你的职位。可惜我一直找不到你。"这时候方秀明发现哪里不对了，他没有留下面试官的联系方式，导致自己跟对方无法沟通，导致了这种情况的发生。

循序渐进，巧要联系方式

心理学中，有种"得寸进尺"效应，心理学家认为，人的每一个行动都有行动的最初目标，在许多场合下，由于人的动机是复杂的，人常常面临各种不同目标的比较、权衡和选择，在相同情况下，那些简单容易的目标最容易让人接受。另外，人们总愿意将自己调整成前后一贯、首尾一致的形象，即使别人的要求有些过分，但是为了维护印象的一贯性，人们也会继续下去。"得寸进尺"效应告诉我们，要让他人接受一个很难的要求，最好先让他接受一个小要求，一旦他接受了这个小要求，他就比较容易接受更高的要求。打个比方说，你可以先问邮箱之类让人不设防的联系方式，而后在对方告诉你邮箱的时候，装作无意地提及："要不然把电话或者 QQ 也告诉我吧，如果我发邮件的话，好提醒你一声。"那么对方一般来说是不会拒绝的。

留面子效应，巧要联系方式

心理学中还有一种"留面子"效应，一方先提出一个过分的要求，另一方在拒绝的同时会产生一定的愧疚心理，为了维护自己的形象，会适度地补偿提要求的一方。所以你可以先提出一个大要求，而后在对方拒绝的同时，顺势提出一个小要求。那么对方答应的可能性会大一点。打个比方说，你同对方说："嗨，我想知道你家住在哪里。"事关隐私，对方很有可能会拒绝。你这个时候可以这么说："哦，我的表述可能不太清楚，我的意思是你最习惯去的论坛是什么？有没有 E—mail，下次我去这个论坛的时候也拜读下你的文章。"这样便能顺利地要到邮箱、MSN 之类的联系方式了。

第四章　形象就是生产力，让人一见喜欢你

美国心理学家彼得·罗福曾经说过，人们对服装款式和颜色的偏好可以成为别人判断他们个性和心理的一个窗口。而日本的心理学教授涩谷昌三则表达了和彼得·罗福类似的观点，他认为人们对衣服的选择体现了个性化的心理特征，衣着是人的第一张名片，穿衣打扮将人的涵养、气质、风格，乃至思想暴露无疑，是你在人际关系中绝对不可忽视的第一观感。我们必须利用人们的心理“盲点”，让我们的形象转化为生产力，让别人一看见就喜欢你。

自我形象要认真设计，“适合”为第一准则

形象是自身的名片，已经为越来越多的人所重视。但是人总是这样，喜欢从一个误区走到另外一个误区中来，或者素面朝天或者浓妆艳抹，在两个极端中摇摆。我曾认识一个大学女教师，容颜秀丽，颇有几分黄圣依的味道。偏偏她不自信，每次上课的时候都要画极其浓重的妆容。结果鲜亮如同一组霓虹灯，艳丽有余而气质不足。同她相反的是她的一位女同事，以为做学问者不拘小节。学生上课的时候，经常能看见她有点脏污的袖子，惹得议论纷纷。

形象固然很重要，但是适合自己的形象更重要。如同装修，婴儿房中粉刷得鬼气森森，似乎是不大妥当；皇宫粉刷得非常可爱，似乎不合时宜。所以自我形象要认真设计，“适合”才是第一准则。但是千姿百态、花样无穷的样式和眼花缭乱的色彩让人们感到落入了服装的汪洋大海之中。当你打开衣柜，衬衣、西服、裙子、毛衣，亚麻、丝绸、羊绒、纯棉……款式、面料、颜色等都让人陷入了茫然的境地。这个时候你只需记住

只有适合的才是最好的。

今年春天，公司推行了一项非常人性化的规定，大家可以自由着装。抛弃了西装的上班族竟然还欣喜了几天，但是很快就陷入尴尬的境地中来，休闲装让这群金融界的精英们无所是从，同客户联系的时候也减弱了西服给人带来的威严和被尊重感。尤其白静勇，本来年纪就轻，穿上圆领的休闲装，让他看上去就像是十几岁的高中生。白静勇干脆反其道而行，穿上休闲的西装夹克，而不是运动式的夹克。这种西装夹克，就算是配上领带也不显得突兀，又舒适又有亲和力，同时还能给予白静勇一定的权威和力量。

古希腊哲学家芝诺说："好习惯是一点一滴积累起来的。然而，这本身并非是小事一桩。"设计自己的形象，也非一朝一夕一蹴而就的，需要你不断地根据流行和不断变动的身份做出相应的打扮。比如说，当你从学生变成了职场新人，你就要放弃书包背上公文包；当你从文员变成经理助理的时候，你就要投资买一只比较高档的金属墨水笔，而杜绝廉价的塑料圆珠笔；当你变成经理的时候，你就要放弃"丑女无敌"的大黑框眼镜，换上金丝边眼镜，这样看上去儒雅很多。

古人经常说"量体裁衣"，我们现在要"量职业而穿衣"，如果你是教师、公务员，那么你就要穿着端庄、简约；如果你是时尚编辑，你必须紧跟时尚的脚步，同时又个性张扬、与众不同……总之，什么职业就要穿出什么职业的特质来。

时刻维护好形象，公众面前尤其不要掉链子

前一段时间发生的一件事，又把央企推到了风口浪尖上。三名乘客在南航航班上要求更换座位，被机长"请"下飞机。此事余波未了，机长曾鸣的微博又一鸣惊人："跟央企玩，你们玩不起，就一屁传媒人还想挑战全民航业。"唉，此语让人对央企产生成见，那些老老实实为人民服务的央企无奈："我们招谁惹谁了。"

偏偏一粒老鼠屎，便能搅了满锅汤。别人才不管这锅汤用了多少珍贵的原料，大家视线聚焦在这粒老鼠屎上。我们可以触类旁通，我们的形象

只要出现过一次瑕疵，别人才不管你为设计你的形象做出多少努力，多大的付出，人们念念不忘的是你损坏的形象。

所以，我们要时时刻刻维护好我们的形象，公众面前尤其不要掉链子。贻笑大方是小，自己的形象损失殆尽是大。尤其是很多年轻人，在刚刚进入社会的时候，总要表现出上进努力的样子，可是一旦承受了这份“名声”和“荣誉”，接下来你必须一直地维护你的形象。

若美给人的印象总是柔柔美美，说话似乎连大气也不出，整天埋头工作，公司上下对她都有好感，所以她人缘很好。临近年底，经理想要擢升她为小组负责人，但是还是有点犹豫不决，唯恐若美性子太柔压不住台面。若美明白经理的疑虑，不过性格已成型，一时半会儿怕也改变不了。已经是年关了，不如送点礼物给经理。她打听到经理十分喜欢吃“周米糕”。可是“周米糕”每天只做600个，若是买不到只能等第二天。若美看到“周米糕”的生意很好，队伍排成了长龙，便想到了插队。她仗着身形灵活，很快挤到了一位老太太的旁边。老太太不乐意了，“你怎么能插队呢?”若美十分地不耐烦，说：“你哪只眼睛看到我插队了?”老太太气得说不出话来：“年纪轻轻，怎么这么没素质?”若美排队排得一肚子火气，毫不客气地反唇相讥：“你有素质，你们全家都有素质行了吧?”说罢，还是奋不顾身地往前挤，早早地买到了“周米糕”。得意洋洋地走出队伍时，还不忘讥诮老太太一句：“你有素质怎么样? 还不是没买到!”气得老太太都喘不上来气，这让若美觉得一种莫名的快意。没办法，上班压力太大，需要适当的发泄。若美拎着“周米糕”到经理家中的时候，经理果真大喜过望：“我妈妈去了好几天，都没买到呢。”两人正说着，刚才同若美口角的老太太进了门。看见若美，老太太暴跳如雷，“儿子，你让她出去，我们家不欢迎没素质的人!”若美知道自己被提拔这件事彻底泡汤了。

根据科学家的论断，在一个国度中，两个陌生人之间只隔六个人。也就是说，你通过六个人便可以找到一个人。若美恐怕有点孤陋寡闻，不知道这个论断，否则她断然不会在陌生人面前卸下伪装。

形象，不要局限在外貌上。它包括内涵和外延，内涵便是你的气度，你的行为，你的道德。而外延便是你的言谈，你的举止，你的穿着。想要时刻维护好形象，请往下看：

精神饱满

精神饱满的人传递的信息是“这个人值得信任”，精神萎靡的人传递的信息是“这个人不安心本职工作”。所以在社会生活中，一定要经常性地保持精神饱满的状态，让人看到你朝气蓬勃的样子。一般来说，坐得正，站得直，能给人以精神饱满的感觉。所以尽量在办公室或者其他场合保持良好的坐姿。

公文包帮助你更专业

谁会拎公文包？我们想象不到一个乞丐或者清道夫拎着一个公文包。在人的印象中，公文包是行政人员的必需品。现在公文包已经成为专业的象征。如果你每天上下班夹个公文包来，那一定能让老板或同事们认为你专注于工作，也许你的包一到办公室就被扔到一边。或许你的公文包每天仅仅出现在你去吃午餐的时候，但那些已经不重要了，因为你的信息已经被传达到了。

时间观念很重要

如果你在学校，迟到几分钟甚至逃一节课，都无伤大雅。但是将迟到照搬到社会上，那么你给予别人的形象将大打折扣。即便别人表面不说你什么，内心也一定在腹诽“这个人真没有时间观念！”没有人希望等待别人，你也不希望。所以“即便不早到，绝对不迟到”。迟到不迟到，绝对是态度问题。

衣着得体为你的形象增分

现在让你选择，下面两个人哪个代表着好形象：在会议室中，一位员工穿着笔挺熨帖的西装，另一位员工穿着乞丐装。很显然，我们会认为穿着得体的人形象更好一点。英国哲学家约翰·洛克也推崇这个观点，他说：“礼仪的目的与作用使得本来的顽梗变柔顺，使人们的气质变温和，使他敬重别人，和别人合得来。”他认为合适的服装能更好地讨人喜欢。

穿着打扮要与具体场合相配，不伦不类没面子

在中国人看来，西方古里古怪的节日实在是太多。比如 4 月 1 日的愚

人节，比如必须吃火鸡的感恩节，但是这些节日都没有睡衣节来得奇怪。在圣诞节之前的几天，很多人都身穿睡衣去上学上班。不过这种肆无忌惮也仅限于睡衣节这天，如果你平常身穿睡衣去上班的话，那么你就要忍受大家侧目的眼光，以及老板的训斥。

到什么场合穿什么衣服，这是约定俗成的一件事。比如说，你在朋友的PARTY上穿着西装狂欢，似乎有点不合时宜；你在同客户谈判的时候，穿了一件露脐装，似乎有点有伤风化。尽管你的衣柜内容十分的丰富，你也要按照场合穿衣，不能随心所欲。

20多岁的年轻人的衣柜中什么样的衣服最多呢？潮流服饰、运动款式。正装只不过是沧海一粟的点缀。所以我们经常看见，一些去面试的年轻人，互相拆借西装。借来的西装，无论是款式还是颜色，不管是型号还是质地，都是为别人量身定做。看来是时候为我们的衣橱换血了。

可是不管我们的衣橱丰富到什么地步，我们都需要记住一个原则——衣着打扮要同具体场合相匹配，否则不伦不类的下场，便是同闹笑话、尴尬等字眼紧密联系在了一起。

宋正敏有一件很漂亮的连衣裙。今年夏天的流行款，将宋正敏的身材恰到好处地映衬出；鹅黄色，让宋正敏凭空地又小了几岁。公司里的人都对穿这件衣服的宋正敏赞不绝口，认为很漂亮。宋正敏自然很得意，年轻女孩谁不希望别人赞美自己的美丽呢？于是这件连衣裙成了宋正敏的最爱。这次的商务会议上，宋正敏考虑大家肯定都选择一步裙，司空见惯的米色、传统的黑色、老气的灰色中，如果自己身着一身鹅黄，肯定能成为大家瞩目的焦点。在这种念头的刺激下，宋正敏真的穿了这件连衣裙出席此次的商务会议。结果对方客户打趣道："如果不是认识宋秘书，我还以为宋秘书是个社会新鲜人呢，怎么这么正式的场合穿得这么不正式呢？"宋正敏敏感地听出了话音不对，果不其然，在谈判桌上，对方竟然询问己方对这次的会议是否重视，否则怎么会让秘书穿得如此不正式？老总投过来的眼神让宋正敏脖子发凉。

同样一件衣服，在不同的场合大家给予了不同的评价。宋正敏犯了一个常识性的错误，那就是穿着打扮要同具体场合相匹配，否则不伦不类没面子。

旗袍，最能凸显女性的曲线美。但是如果你穿着旗袍去田间劳作，别人会指斥你在作秀。正如前一段时间，网络上对一组照片进行猛烈的抨击，照片的画面上，是一群人在植树。这本来是好事，但是这些人都戴着鞋套，这也是网民们指责的重点。“植树还戴着鞋套”，将这场“植树秀”的内涵显露无疑。

那么如何将场合变成我们穿衣的标准呢？

私人场合自由化，公共场合规范化

如果你在家里，你可以穿背心，人字拖，居家服，光膀子……总而言之，怎么舒服怎么来便是。可是，当你出现在公共场合的时候，即便你觉得规范的服装束缚了你的自由，你也要将衣着规范化。因为公共场合中，你所穿的服饰就不再是你自己一个人的事情了。即便是法国第一女党魁也不例外。当年担任青年和体育部长的米谢尔去国民议会开会的时候，她穿的是牛仔裤，而大会规定女士应该着裙装，所以她被守门人挡驾。并嘲谑道：“夫人，穿裤子进会议厅的只能是男人。”米谢尔一时好不尴尬。

赤橙黄绿青蓝紫，我们来做变色龙

变色龙，随着环境的变化而改变身体颜色。倘使我们在别人丧礼上身着一身喜庆的大红，那么会不会收获大家的白眼？倘使我们在宴会上，身穿《三枪拍案惊奇》中的“被单服”，会不会招致大家的嘲笑？不同场合选择适当的衣服颜色，是非常重要的。在肃穆的场合，可以穿着色彩偏暗色、样式简单的服装；在自由的场合，可以穿着色彩绚烂的服装，紧跟潮流的剪裁。

言行举止有礼仪，融入活力更易让人喜欢你

如果你是一位二手家电商，你打算如何卖出你的商品？直接将脏兮兮油乎乎的二手家电摆上商品展览架，这似乎不是一个好主意。家电商们首先要对家电进行清洗，争取让它焕然一新。而后对家电的各个零部件进行维修，甚至更换，让一台老旧的电器重新焕发生机。最后将“旧貌换新颜”的家电推上商品展览架，这样每一台商品都能卖个好价钱。

人也是这样，必须让自己的举止言谈彬彬有礼，才能在人际关系中大放异彩。偏偏很多年轻人认为言谈举止是可以忽略的东西，尤其是一些恃才傲物的年轻人。于是便有这样的尴尬出现：一个年轻人喜欢上了一位姑娘，托朋友进行询问，朋友回复：该女子喜欢大大咧咧的男孩。年轻人十分欢喜，当天便将姑娘约了出来。他先是将水煮鱼的汁水洒得到处都是，而后漫不经心地喝汤，发出恐怖的"嘶嘶"声，他还别出心裁地用勺子裹炸酱面。姑娘忍不住拂袖而去，他大惑不解，还埋怨姑娘口是心非。"你不是喜欢大大咧咧的男孩吗？"可是大大咧咧并不等同于没教养啊！

言谈举止，是一个人内在的完全诠释。满口脏话的人，我们容易将他同流氓地痞联系起来；抖腿的人，我们容易将他同多动症联系起来；在女士面前吸烟的人，我们容易将他同没礼貌联系起来；在饭桌上扣鼻屎的人，我们容易将他同不讲卫生联系起来……思维惯性是强大的，人们往往依靠这种思维惯性，对一个人进行评判。所以你的言谈举止必须保持一定的礼仪。

如果能在彬彬有礼的前提下，保持高昂的精神，那简直是锦上添花了。文学家汪曾祺先生曾经写过一则散文，描述家乡两座茶楼，一家茶楼生意兴隆，另一家生意惨淡。原来是买卖不好那家茶楼的掌柜，常年精神萎靡，无精打采，顾客一看见他的目光，就倒了胃口。汪曾祺先生总结说："一个人要是想要兴旺发达，得有那么一点精气神。"二十几多岁的人，倘使没有了精气神，即便是彬彬有礼，别人还以为是满清时代的酸儒生穿越回来了呢。

张少锋和同事们一起参加老板的寿宴，酒过三巡，菜过五味，大家全部放开了，有说有笑。张少锋因为是新人，还不太熟悉这种场合，十分拘谨。他去二楼上厕所的时候，听见老板正在和人事总监说话。人事总监说："策划部的小王您怎么看？""打喷嚏的时候正对着桌子，你说这样的人怎么样？""那采购员小李呢？""他说话办事总是天马行空。"人事总监接着说："那宣传部的小赵如何呢？""他同别人握手的时候手心朝下，偏偏跟我握手的时候手心朝上。看来他不仅懂握手的奥妙，而且运用的还非常熟悉呢！"……张少锋冷汗涔涔，厕所也不上了，老老实实地回到了酒桌上，很安静地坐着吃东西。这个入职一个月的新人才知道，原来举止是老板判定一个人品质的最佳标准。

歌德曾说："正确的教育，在于使外表上的彬彬有礼和人的高尚教育同时体现出来。"正如歌德所言，彬彬有礼的言谈举止，是一种处世的大智慧。它用一种平和内敛的方式来表达对别人的尊重，而这种尊重恰恰是每个人都渴望的心理诉求。如果你能满足对方的这种心理诉求，那么在人际关系中，你的回旋空间便大了。那些摆出一副"大行不顾细谨"的人，却在一次又一次的没礼貌中，将自己的好印象削减了。

怎样让自己的言谈举止有礼仪，而且还要将活力巧妙地融合其中呢？

微笑，让你看上去有礼貌

二叟垂钓，尽是高手，效仿者无数。一个高手独钓寒江雪，另一个高手笑容面满地说："我教你们钓鱼，如果能钓上十条分我一条，这样可以吗？"大家答应了。于是"老师"同"徒弟"欢天喜地地垂钓。等到夕阳西下的时候，那位笑容满面的人，不仅收获了鱼，还收获了朋友。由此可见，人生若是能用微笑钓鱼，收获定然满满。

微笑本身便是人类区别其他动物的表情，但是有的人的脸孔，永恒不变地在"阶级斗争"，似乎谁欠他的钱似的，或者整日走"冷酷范儿"，不苟言笑地扮演"面瘫"。让人看了都觉得尴尬不已，觉得自己冒犯了这个人。所以我们在同别人相处的时候，最好微笑。微笑，将我们的善意、我们的礼仪放大了无数倍。这对于开展人际关系的我们而言，有百利而无一害。

手势，是你礼貌的工具

贾斯丁·比伯有一段时间新闻不断，"13 岁卖场照"上新闻，一绺头发7 000美元再上头条，小天王不堪其烦。终于被他逮着机会爆发了，贾斯丁同女友提前为自己的 17 岁生日庆生的时候，被媒体夹攻。新仇加上旧恨，让贾斯丁毫不犹豫地竖起了中指。可是此举遭到了大家的抨击，小天王事后再三为不雅手势公开道歉。要知道手势是世界语言，所以它也成为礼貌的重要组成部分。所以我们需要礼貌的手势，拒绝不礼貌的手势。与人交流时，手势的上界一般不应超过对方的视线，下界不低于自己的胸区，左右摆的范围不要太宽，应在人的胸前或右方进行。一般场合，手势动作幅度不宜过大，次数不宜过多，不宜重复。同人谈话时，不要用手摸自己的鼻尖，而应将手掌按在胸口上。忌用食指指点别人。避免抓头发、玩饰物、剔牙齿等粗鲁的手势动作。

用学识为自己加分，但不要卖弄

现在有“丈母娘逼高房价”之说，可怜天下父母心。很多岳父岳母希望自己的女儿在有条件选择的年龄里，得到最好的。于是便开出了很多的附加条件。但是如果你一无所有，但是文凭过得去的话，那么还是能适度为你加分的。

话说回来，不光是婚嫁，就算是在人际交往中，学识也能为自己加分的。

人际关系，是用语言做桥梁的。但是如果你的语言同对方的语言不能接轨的话，那么还谈何沟通呢？比如说，你置身诗歌爱好者之间，有说莎士比亚十四行诗的，有谈论叶芝的浪漫和梦幻的，有讨论顾城和舒婷的，这个时候如果你满脑子都是早市菜市场打折的白萝卜5角钱一斤，是不是有些煞风景呢？当然，现在谈论诗歌的人越来越少了，但是为了让自己在所有的场合都游刃有余，肚子中还是要装一些学识的。

薇姿有“百科全书”的美誉，她知道金庸和徐志摩是亲戚，知道金庸的大姨妈袁晓园是汉语拼音的发明人，民国国大代表，当年在去法国留学的船上35天内掌握法语，丈夫是当时江苏省政府主席叶楚伧的公子、后来的国防部二厅厅长叶南。她知道每皱眉20万次，额头就会出现一条皱纹，她还知道阿根廷是最悠闲的国家，甚至家家户户门前还有一个专门用来发呆的“发呆亭”。所以大家有什么疑难问题不懂的话，直接问她。因为是文化传播公司，偶尔薇姿还帮大家校正一些明显的历史纰漏。这天又有人送来剧本，薇姿摆高了姿态，撇撇嘴不屑道：“‘靠山’的典故出自唐代官员张洎拒绝依附安禄山，从而流传下来。这是汉代的古装片，怎么到处都是‘靠山’这两个字啊，你们到底是有多期待那个一千年才出生的安禄山啊？”话刚说完，那个递交剧本的编剧脸孔便绿了，薇姿自知失言，但是话既出口，覆水难收。

薇姿让我想起一则笑话：有酸儒生，见妻子烹调总是离不开盐——烧豆腐要用一些，做肉干要用一些，便认为盐是世界上最美味的东西，便从厨房找来一罐子盐，倒进口中，差点没有被咸死。盐虽然能帮助食物更加美味，但是多吃却能被齁死。学识也像是食盐，固然能为你加分，但是过犹不及。

点到为止，谈话不是你一个人的舞台

人际关系，是双向的管道。如果你总是滔滔不绝，那么对方只能被动地接受，甚至插不上话。那么沟通便彻底丧失了意义。当年乔治·卡尔便犯过这样的错误。乔治·卡尔是 NBA 第七位达到千胜的教练，但是在 2011 年，曾经一度乔治·卡尔是 NBA 最不受欢迎的人，虽然他在 2001 年帮助雄鹿挺进费城，可是这家伙的话实在是太多了，多到让人厌烦。所以你在谈话的时候，不可以无知，但是你的学识只是恰到好处地让你们的谈话顺利地进行下去就可以了，决不要把谈话变成你的独角戏。

面子工程，凡事都要知道点

现在“书皮学”大行其道，何为“书皮学”呢，类似于暴发户中用来装点书橱的“书皮”，从外表看琳琅满目，秩序井然，其实就是没有内容没有深度的书皮。可是就目前而言，该看的书太多，人又浮躁，急功近利，所以大家很难找到时间去一页一页地看书，不看书如何增长见识呢？“书皮学”就显得很有必要了。当别人谈起作协的时候，你需要知道北京市作协主席刘庆邦的《神木》便是王宝强主演的《盲井》；也要知道光圈和焦距；或者是均线、炒股之类的知识……这样的知识多多益善，一本大大的百科全书会帮你摆平一切烦恼。

独抒己见，这是关键的一点

美国时尚界认识劳伦斯曾经写了一本《假装的艺术》，告诉大家如何看起来很有学识。首先你要明白你同别人时常会交流的话题，而后在每个领域的基础常识搜罗一遍，最后便是在掌握基础知识的前提下，提出自己的观点。这样让你永远比别人高出一等。自己的观点相当重要，如果每个人都在说同一套观点的话，那么听众会很快厌烦。戒烟组织曾经组织过一个活动，让戒烟的人去做演讲，但是几个人翻来覆去只是讲吸烟、肺炎、癌症。底下的听众起哄：“我们怎么没有看到吸烟和这些疾病的关系，我们只看到他们想抽烟想得掉眼泪。”如果有一个人能另辟蹊径地开始演讲，那么这次活动没准能取得成功。

充电充电，应急灯的光明并不长久

停电的时候，我们若是依靠充电灯，只能获取一个晚上的光明。若是我们能拥有发电机，那么我们便不怕停电了。生活如同一场戏剧，你不断地扮演一个学识丰富的人，终有一天会露出马脚，所以装点门面的学识不过是应急灯，停电时暂且一用，长时间发电还得靠你本身的能量。所以平常的时候不妨多补充一点知识，何况知识这个东西，毕竟是有百利而无一害的。

态度认真诚恳，让人一看就感觉可信

2010 年，宋祖德这张大嘴张了又合，合了又张，却没有“唱出”新的曲调来，很大程度源于他打官司输了。但是当他向谢晋遗孀以及刘晓庆道歉的时候，两家均不接受，宋祖德找不到台阶下了。为什么不接受宋祖德的道歉，刘晓庆回应时，对他的道歉还嗤之以鼻。认为完全是舆论压力下的敷衍行为，一点都不诚恳，所以不接受他的道歉。

不光是名人，普通人也一样。当你说话的时候，态度诚恳不诚恳，大家一眼便能分辨出来。成年人经历风雨，看着尔虞我诈，早就养成了一双洞若观火的眸子，很多时候大家不说，只是不想说而已。而兀自喋喋撒谎的人，犹如马戏团的一只猴子。

为什么人际交流的时候态度要认真诚恳呢？因为当我们用诚恳的态度同别人交流的时候，别人能感受到我们重视他关注他，这是对对方最好的恭维，胜过世界上最美丽的预言和赞美。如果你敷衍，你要小聪明，可是你的语言和你的表情却将你的内心展露无疑，那么你佯装出来的诚恳，终究会被识破的。

怎样让人觉得你态度认真诚恳呢？其实这也算是技术活。

称呼显涵养

当年只有十里洋场的名媛们才配得上“小姐”这个形容词，但是现在你若是对着妙龄女子喊一声“小姐”的话，恐怕换来的便是一个大大的白眼了。从这里便能看出，称呼很重要。所以我们在人际关系中，一定要注重称呼的选择。你的称呼，显示你对对方的态度。若是你喊对方“哥们儿”，那么你们之间的私交应该相对不错；如果你喊对方的绰号，那么除非你们之间的关系亲密到了一定程度。在人际关系中，该喊哥哥姐姐叔叔大爷，绝对不能嘴软。该喊×长×经理×副总，也决不能有半点犹豫。

表情露真情

自从美剧《LIE TO ME》开始风行的时候，大家就开始从对方的表情中推断对方的心情。比如你在摸鼻子，那么你撒谎的可能性要大一点。虽然这些小招数不可尽信，但是我们能确信一点——我们的表情会出卖我们的态度。如果别人同你说话时，你的表情游移不定，那么你肯定是心不在焉。如果别人同你交流时，你的神情闪烁，那么你肯定是精神在游离。面部表情如此重要，我们尽可能地保持真诚的面部表情。保证不东张西望，在别人说话的时候，适时答话。

语调露真情

当我们以一种轻快而相对较快的语调诉说的时候，证明我们心情畅快，当我们用缓慢而低沉的语调诉说，这个时候我们的心情通常都是不大好的。根据行为学家的调查研究，我们发现，当人们用一种十分缓慢的语速开始聊天的时候，大家都能感觉到敌意。所以我们在同对方说话的时候，要保持平缓的轻松的语速，让对方能感受到我们同他们谈话的时候，是开心的。

声调露真情

“高八度”这个字眼，往往同泼妇如影随形。我们都知道，小孩子在哭叫的时候，往往是他最愤怒的时刻；泼妇拉开嗓门的时候，往往是她叉着腰准备用语言对人迎头痛击的时候。正是因为如此，如果你想同你的交流对象保持和谐的谈话氛围，最好不要用比平常高出好几倍的声调来说话。

创造机会表现自己，让人对你印象深刻

传奇的诞生，一向有浓烈的底色。就像是83版《射雕英雄传》一样，

当年为了甄选黄蓉一角，无线电视台在短短一天时间内便收到了5 000多位佳丽的玉照，最终翁美玲雀屏中选。据传当时翁美玲的竞争对手有美女黄杏秀等人，在这个关键时刻，翁美玲竟然跑去了后台，穿上了古装出现在金庸面前，漂亮的侧翻后，抱拳施礼："桃花岛主之女黄蓉，拜见金大侠。"在场诸人，恍然神置《射雕英雄传》中，金庸当场拍板，让翁美玲成了黄蓉。

翁美玲完成了一次漂亮的推销，她将自己推销到了舞台上，最终塑造了一个年代的印记。

在这个竞争激烈的时代，我们都要向翁美玲学习——创造机会表现自己，让人对你印象深刻。假设你是一匹千里马，同无数驽马共享一个马厩，伯乐过来了。假设这个伯乐不怎么敬业，看了前十匹马后便决定打道回府。你会怎么做？继续将鼻子埋到马槽里咬牙切齿地吃黑豆好，还是长嘶一声让伯乐发现你比较好。"辱没于奴隶人之手，骈死于槽类之间"便是那些不会表现自己的人的最好写照。靠谱的当然是后者！

遗憾的是，很多年轻人不明白这个道理，总觉得表现自己是一件很"掉价"的事情，眼睁睁看着大好机会从身边溜走，却用一句"酒好不怕巷子深"来自我安慰。真的是"酒好不怕巷子深吗"？那么便不会有明珠遗尘的遗憾，不会有买椟还珠的遗憾，不会有……

他学的是艺术专业，专司服装设计。在毕业的时候，学校组织了一场颇具规模的时装秀，他似乎找到了自己的舞台。他选择的创意是纸，用纸做成桃花的模样，缀上浅绿色的叶片，穿在模特身上，活脱脱从天上谪落凡尘的桃花仙子。他在后台忙忙碌碌，帮助模特换装、化妆，忙得不亦乐乎。演出取得了空前的成功，掌声雷动的时候他忽然很想哭，自己的作品被认同是一件让人欢欣鼓舞的事情。但是谢幕的时候他不愿意去，身为设计师怎么能够抛头露面呢？没有想到过了一会儿有人找他。一问才知道，这是一家不错的服装设计公司的负责人，正在下面欣赏学生们的作品，对他的创意一见倾心。他成为这家公司的设计师后心中开始后怕，若是那天负责人没有找到自己会怎样？

年轻人很容易将表现自己同出风头混淆起来，并执著地认为，如果自己有足够的耐心去等待，机会总有一天会敲响自己的大门。可是命运却喜欢开玩笑，往往他们等得花都谢了，机会还是没有出现。机会犹如矜持的闺中少女，更愿意你主动出击。

过分谦虚，不要不要

一位乡绅有两个如花似玉的女儿。及笄之年惹来媒人无数，凡是见到这两位女儿的人无不对她们的容貌赞不绝口，但是老乡绅很谦虚："哪里哪里，她们两个也就是有个好皮囊，脾气也不好，女红也不佳。"听完这些话的人心里偷偷地打了一个结，到最后，这位乡绅的女儿被传言成母老虎一样的人物。因为谦虚，导致了不可收拾的局面，在生活中随处可见。当然，我们承认谦虚是美德，但是将自己贬得一分不值会让人信以为真。所以，不要过分谦虚。

细心谨慎，抓住机会

我有一个朋友，入职场三年，三年均得升迁，而且升迁得绿色无公害，这让人很诧异。但是有一天，我们改变了这个观点，他的升迁很有道理。那是一次剪彩，十位领导但是只有九把剪刀，大家焦头烂额找剪刀的时候他从口袋里掏出了一把剪刀，我们十分敬佩，结果他又从口袋中摸出了几把剪刀，说再来几位都没问题。机会向来垂青有准备的人，如果你平常没有准备，那么机会这条"大鱼"跃起的时候，你也抓不住它。

脸皮，几块钱一斤？

很多人不喜欢展示出自己的理由竟然是丢面子，天啊，面子多少钱一斤？它能让你加薪还是让你升职？或者帮你摆平五环以内的一所房子？面子最是一文不值，还经常成为你发展上进的桎梏。所以，踩着面子，大大方方去秀出自己，让机会看见你明艳无双的身姿，它自然会受你吸引，追随你而来。

沉默是金，这是谬论

谁说的沉默是金？那些为公司辛苦努力、勤恳认真却就是不说话的人，就因为奉行这个谬论，才成为公司的隐形人。沉默是金，说的是人生纷乱时刻，沉默经受才能保持自己的清醒。沉默是有好处的，可以明哲保身，可以让自己更理性，可以掩饰自己的缺点，可以减少矛盾纠纷。可是在锐意进取的时候，还要把沉默是金祭出来，就是大大的不智了。

说话不要太满，保持应有的谦虚

尚德琪说："我们站在大地之上，并非我们对大地的征服，而是大地对我们的承托；我们立于天空之下，也并非我们对天空的支撑，而是天空对我们的笼盖。清醒了这种绝对的关系，就会心甘情愿地谦逊。"可是这句充满劝诫和善意的人生箴言，却被很多年轻人弃若敝履。他们本着天不怕地不怕外加"老子天下第一"的想法，在这个世界上横冲直撞，肆意自行。

碰到这样的年轻人，大家也会称赞一声"胆识过人"。而后便是静待结果，这些年轻人很快败下阵来，伤痕累累，气喘吁吁。这个时候，再让他们读一下《礼记》，他们也许有更多的收获。

《礼记》中说："傲不可长，欲不可纵，志不可满，乐不可极顶点。"谦虚是一种生活态度，让我们主动将自己放置到学习的位置上，自觉进取，不去计较过多，让我们前进得迅疾而不露痕迹；谦虚是一种张力，犹如驱动车，每次后退都是为了更远的前进；谦虚是一个偌大的酒坛，将所有的倔犟、不屈、都融合其中，然后酿成一坛醉人的好酒。

而那些锋芒毕露者、盛气凌人者，生活将亲自给他们讲述"满受损谦受益"的生动一课。

刘德华前几天接受电视节目访问的时候，义愤填膺地说起一个傲慢的年轻艺人来。这位年轻艺人刚刚出道，自觉演艺事业如日中天，所以不将任何人放在眼中。在拍戏的时候，就老是无视别人，不停地抱怨自己的鞋子很挤脚，在拍戏间隙，他将双脚肆无忌惮地放在椅子上，并对工作人员大呼小叫，又颐指气使地对工作人员说："你帮我脱鞋。"这种嚣张的行为让身为天王的刘德华都大吃一惊，虽然刘德华口下留情不肯透露这位演员的姓名，但是他表示，如果自己看到自己主演的电影中有这位演员的名字，肯定会向制作单位反映："是他的话不要用。"

朱熹曾说："什么事情都要谦恭，不得盛气凌人，自取耻辱。"曾国藩的观点同他异曲同工："君子最大的过人之处，只是虚心而已。"先哲一再告诫我们，谦恭自守，必然大得人心，虚下自处，必然会受人尊敬。不用自己的智慧去对付他人的愚蠢，不以自己的贤能瞧不起他人的笨拙，不以自己的长处去克制人们的短处，这些都是承载福禄的方法与道理。

可是，年轻的我们怎么会想到谦虚这档子事情呢？

经历了青春期的躁动的我们，终于踏入了社会，这时候我们的心情，如同蝉见到了光明，怎么能不得意忘形？

说话留余地

现在我们拥有一块上好的石料，我们想要雕刻一只老鼠，雕刻到中途，我们忽然想雕刻成一只雄鹰，可是我们发现石料不够了。于是我们后悔莫及，如果一开始我们想雕的是大象的话，那么石料应该绰绰有余。话也是这样，如果你将话语说得太满，不给自己留有余地，那么如果时过境迁，你想要改口的话也来不及了。某项工作十分艰难，老板意将此事交给一位下属，却又担心对方的能力，便问对方完成这项工作有没有困难，下属拍着胸脯表示一点问题没有。可是约定的期限到了，下属的任务还是没有完成，这让老板十分生气。这便是说话不留余地的后果。

多用外交辞令

当明星传绯闻的时候，你会发现，他们在面对记者询问的时候，说话说得滴水不漏。记者们往往是问了一大圈的问题后，发现自己还在原点。任何有实质性的答案都没有得到，因为这些“老油条”们使用的都是外交字眼：“可能吧”“或许呀”“正在考虑中呢”。这些都不是肯定的字眼。为什么明星会这样呢，就是为了留一点空间容纳意外。如果将话说死了的话，场面会很尴尬。比如当初刘烨说非谢娜不娶，周迅说非大齐不嫁，姚晨说凌潇肃是最适合自己的人。后来……

说话首尾呼应

所谓的首尾呼应，意为说话诚实守信，前后一致。在和人说话的时候，千万不要让自己的话语出现前后矛盾的地方，保持高度一致。因为你话语中的矛盾不仅能推翻你整个谈话的内容，还让人感觉到你行事不光明磊落，对你产生一定的警戒心。

有违认知的话，有多远滚多远

如果你说的话违背了大家的认知，那么大家是会选择相信你呢，还是会选择怀疑你？所以在说话的时候，要记住话不要说过头，更不能违背常情常理。比如你想跟大家说除夕夜那晚的心情，为了渲染气氛你对天空的一轮明月加以描述，对方肯定会嘲笑你："除夕夜怎么会有一轮明月呢？"这便是有违认知的话，这样的话一旦出口，能让人对你的印象荡到谷底，认为你不仅不诚信而且无知。

第五章　富有人情味儿，增强内在吸引力

人情味是一种怎样的味道？它来源于人性中最柔软的那部分，是人与人之间真挚感情的自然流露，是一种让人感受到温暖和关怀的奇妙感觉。同样，人情味也是人际关系中最亮的色调。有了人情味的人脉，不再单纯是彼此利用的“货银两讫”，而是以感情为底色和基调的友谊。有了人情味的人脉，不再是资源和机会的“物物交换”，而是以情感为基础的互相帮助。所以，有点人情味吧，因为人情味是香水，洒向别人，芬芳自己。

脸上常挂笑意，好人缘会不请自来

在我幼年时候，曾经听过这样一个故事：两军对垒，一个士兵被俘虏了，并且在天明时分就要被处决。士兵深知生还无望，便对着牢房发呆。这个士兵是个烟鬼，忽然想起自己口袋中还有一支烟卷，便想在死亡之前享受一下，便跟看守他的士兵借火。看守答应了他，在火柴划起的时候，士兵想要表达感谢，脸孔上浮现了微笑。看守愣了一下，面部表情也明显和缓了，两个人就像是朋友一样一起抽烟，甚至还聊到了自己的家人。士兵对于自己的命运已经不抱希望，唏嘘自己不能再看见自己的家人了，看守并没有说什么。入夜后，看守将门打开了，告诉他后面有条小路可以逃走。士兵靠微笑得以生还。

这则故事深深地震撼着我的心灵，原来微笑的力量如此巨大。

当你身在异乡的时候，一个微笑能让你内心泛起暖意；当你孤独无助的时候，一朵笑花能让你重新燃起勇气；当你心情苦闷的时候，一个微笑能让你内心的阴霾荡然无存……这便是微笑的力量。二十多岁的人，真可以用“身无长物”来形容——你的技能不是无懈可击的，你的心机不是深

不可测的，你的性格不是长袖善舞的，你的一切都是稀松平常的时候，你打算如何脱颖而出呢？微笑便可以成为你与众不同的法宝。你的微笑能让人感受到你的爽朗大方、热情朝气，也能让人感受到你的友善客气。

某机关有一个女孩子，性格沉稳，看见别人的时候总是笑眯眯的。大家一想到她，脑海中自然就想到“微笑”这两个字。今年2月，机关里来了一个能力很强的女孩子，但是人无完人，这个女孩有一些狭隘不能容人。在她的“好勇斗狠”下，很多同事纷纷请调外组，最后好斗的女孩跟微笑的女孩结成了工作小组。这天，微笑女孩的工作上出现了纰漏，好斗的女孩马上抓到了她的把柄，立刻点燃火药，噼里啪啦一阵子，没有想到这个微笑女孩还是默默地微笑着，一句话都没说地听着好斗女孩的指责。最后好斗女孩终于斗累了，悻悻然地鸣金收兵，微笑女孩立刻着手改正自己的错误。第二天好斗女孩上班的时候发现自己的桌子上放了一盆可爱的仙人掌，上面写着：“谢谢你，为了帮助我进步害你生这么大的气，送你一盆仙人掌，祝你开心快乐。”

好斗女孩还能说什么，千钧重拳打在了棉花上。

也许每个人的智慧、经验、价值观、生活背景都不相同，可是微笑却是相同的，微笑能让人攻守自如——进可以拓宽自己的人脉，退可以保持自己良好的人际关系。有道是，多说多错，少说少错，不说不错。但是不说的话，别人会不自觉地将我们变成“隐形人”，我们既不能往错里说，也不能不说，这个时候微笑的作用便能彰显了。首先，微笑能传递善意，试想一下，当你微笑的时候谁能对你冷漠以对呢？其次，有的时候微笑所传递的含意远比语言更加丰富，比如有人需要安慰的时候，再多的语言也是苍白无力的，这个时候，一记眼神，一个拥抱，一个微笑，却能省却千言万语。最后，微笑能让你“脱颖而出，与众不同”，就像是古龙先生所说的那样：一个整日微笑的人，即便运气糟糕，能糟糕到哪里去呢？

如何让微笑常驻你的嘴角呢？

笑话，是教科书

刘德华因为瞒婚事件声誉受到影响，可是大家很快又开始喜欢上了他。除了他及时承认错误外，大家惊喜地发现，华仔越来越幽默。在《狄仁杰通天帝国》的发布会上，刘德华便开始给大家讲笑话，让大家乐不可支。笑，是具有力量的，那么能生产笑的笑话便是教科书，能让人笑口常开。想要保持微笑，可以多看一些笑话书籍，甚至可以听相声、小品。这样的话，就算是你心情不好，也可以不断回想笑话段子，让自己微笑之花不会凋谢。

心态，是调节器

同样半杯水，乐观的人会感恩："真好，还有半杯水"；悲观的人会抱怨："真讨厌，只有半杯水"。同样是面包圈，乐观的人会喜悦："呀，很甜的面包圈"；悲观的人会失望："嗨，只有面包圈"。同样是大海，乐观的人会惊叹："好壮观啊"；悲观的人会感慨："这里葬送多少无辜的生灵"……同样的窗，有人看见泥土，有人看见星星，因为他们看向外面的视线不同。悲观也是一天，微笑也是一天，你为什么不微笑呢？再说，人生一半是问题，一半是解决问题，即便你愁眉苦脸唉声叹气，又能起什么作用？

语言，是催化剂

如果微笑加上合适的语言，就像是孙悟空找到了定海神针，对于你的人际关系的完善更是如虎添翼。所以在微笑的时候，千万不要忘记你的语言。如果你的语言不得当的话，那么即便你笑成一朵花，在对方眼中也是皮笑肉不笑，甚至是不怀好意的笑，所以，当你微笑的时候，一定要注意自己的语言，尽可能得体、委婉。

学会表达热情，让别人领会你的好意

随着《神探狄仁杰》的热播，狄仁杰的知名度越来越高，可是谁还记得当初对狄仁杰有举荐之恩的娄师德呢？甭说相隔千年的我们了，即便是当时的狄仁杰，也对娄师德的举荐茫然无知呢。甚至在武则天问狄仁杰："你觉得娄师德这个人有才能吗？"狄仁杰竟然说："他的才能如何，我可不知道。"言下之意，一个应该戍守边疆的武将，即便是有才能，也不过是"一般般"，而后武则天委婉地提醒狄仁杰，你荣膺大周朝宰相一职，可是娄师德的举荐呢，这才让狄仁杰如梦初醒。

是不是觉得娄师德有点"不值"？可是谁让娄师德没让狄仁杰知道自

己的善意举荐呢。

我们假定一个场景：饥寒交迫的韩信，遇到的不是漂母，而是一个山洞，里面有大量的野果，那么韩信会感激谁？依照这个人的性格而言，他会沾沾自喜觉得自己命好。但是他遇到的偏偏是漂母，只送给他一碗馊米饭，便让韩信牢牢记住了她的恩德。这便是学会表达善意，让别人承情的最大好处。

也许有人会讽刺我："做点坏事，生怕别人知道；做点好事，生怕别人不知道。"当然，我的意思并非让大家有目的地对别人表达善意，而是要通过表达自己的善意，告诉别人，你是一个值得交的朋友。反正你的善意也表达了，如果在帮助别人的同时又获得了别人的友谊、尊重，那不是两全其美吗？

所以，还是去学习一下如何表达自己的热情，让别人领会自己的好意吧。

刘晓蓓很像苔藓，看上去结构简单，而且喜欢"阴暗"的角落。这次做任务，向天琪同刘晓蓓分到了一组，向天琪就十分不高兴。因为刘晓蓓似乎不擅长同人沟通，那么同客户联系的千斤重担都落在了自己身上。向天琪忙里忙外，本来已经焦头烂额，偏偏技术层面上遇到了瓶颈，更是火上浇油。刘晓蓓看在眼中，急在心里，想起自己一个老同学是这方面的行家。便拿着问题去请教，问题竟然迎刃而解。但是看见向天琪的时候，不善言辞的刘晓蓓只是淡淡地说了一句："解决了"，让向天琪好不尴尬。虽然工作完成了，但是向天琪和刘晓蓓的关系还保持在点头之交上。

为什么向天琪"狗咬吕洞宾"呢？很简单，刘晓蓓太不擅长表露自己的善意了。一句风轻云淡的"解决了"不仅没有彰显自己出人出力，反倒将向天琪之前的所有努力对比成了无用功，向天琪买账才怪。

现在你可能会产生这样的疑惑："难道表达善意一定要大张旗鼓吗？"如果你这样想的话，你只不过是从南极走到了北极。表达对别人的好意，一定要恰到好处。如同泡茶，冷水泡茶香不现；若是沸水就泡，茶则太酽。表露好意过于明显，必然会令对方厌恶；但你的好意对方从不表达，对方无从知道。

那么如何才能将自己的好意表露得恰到好处呢？

越自然越安全

“雷锋做好事不留名，但是他将每件好事都记在了日记本里。”虽然是调侃之语，也表明大家越来越重视表露自己的善意。但是表露自己的善意时，千万要记住一个法则——越安全越自然。说到这里想到前几天发生的一件事，老友抱怨，大学时曾常年接济一位家贫同学，孰料现在这位同学却对他不理不睬。听完哑然失笑，必然是老友的救济大张旗鼓，让被救济者的自尊心荡然无存，不仅不会心怀感激，甚至还会产生一种愤恨心理。让对方自然地接受你的好意，那么你的好意便已顺利地表达完毕了。

欲盖弥彰效果高

圣诞节的时候，英国一位CEO为自己的助理买了一张价值100英镑的健康水疗券作为圣诞礼物，但是助理不领情，让CEO很恼火。助理也是一肚子气，这位CEO用的是公司的信用卡，如此大张旗鼓，让助理很不舒服。按照我们的逻辑，这位助理有些不识好歹了，可是这位CEO选择表示好意的方式方法绝对有待商榷。千万不要将对方当成傻子，你表现善意太过赤裸裸，便让对方想到了我们的一句老话——无事献殷勤，非奸即盗。所以你表露善意的时候要学会“藏着掖着”，给点“蛛丝马迹”，让对方去琢磨，去探寻。当对方找到真相的时候，会认为你为人厚道。才更有兴趣去搜寻你的帮助和好意背后的努力。

私心不是错，但太自私就很错了

当你离开学校，进入社会时，也许发现的是一团谦和客气，处处和乐融融。可是时间久了，在一番来来往往、升降遣调之间，开始窥见端倪，原本的云淡风轻，只不过是为了遮掩内在的暗流汹涌。年轻人开始困惑：为了100多块钱的加薪斗个你死我活值得吗？为了揽私活完成不了本职工作合适吗？为了多报销几块钱在发票上做手脚应该吗……

如果你问职场“老油条”，他们会说：“天下熙熙，皆为利来；天下攘攘，皆为利往。”并用“人为财死，鸟为食亡”或者“人不利己，天诛地灭”这样的老话进行佐证。甚至科学家都证实，自私是人的天性。但是在职场中、生活里，一味地自私会导致什么样的后果呢？

汪涓同庞乐都在服装公司做面料采购主管，汪涓是面料识别的高手，而庞乐是谈判的专家，两人联手可以用珠联璧合来形容，堪称天衣无缝。前不久，两人一起去广东同两家面料供应商接洽业务。第一家十分顺遂，用低于行业均价10%的价格拿到了合约。但是第二家十分棘手，因为第二家算是新客户，从来没有业务上的往来，质量关是个槛。汪涓跟庞乐说："有我在，你怕什么？"庞乐便信心满满地去找客户谈判了，可是真的接触到面料的时候庞乐还是心生不安，这家公司所出的面料质地一般，并不能满足公司开发特色产品的定位，但是汪涓却觉得这家公司的面料性价比最高，最终庞乐听从了她的建议，签订了合约。可是第二家面料供应商的面料真的出现了问题，选用这种面料做成的服装，全部出现了缩水的现象，销售商纷纷退货，给公司造成了近百万元的损失。这个时候汪涓竟然跑到了经理那里"表明心迹"，说是庞乐在签约的时候没有对面料进行仔细检查。汪涓甚至还提供了一个细节，新客户曾经单独同庞乐吃过饭，不知道存在不存在"灰色交易"。经理不动声色地对汪涓所说的话进行调查，发现汪涓说的不是事实。便"各打五十大板"，对两人进行责罚。可是从这件事情过后，公司里的人都很疏远汪涓。

汪涓错在两处：一、敢做不敢当。面料之事她难辞其咎，却将问题全部推给别人。二、造谣诽谤。趋利避害是人的本能，但是不应该为了逃避责罚去杜撰一些子虚乌有的事情诬陷别人。其实汪涓的心情我们能理解，人嘛，谁还能没点私心，但是私心太重便是错了。群众的眼睛是雪亮的，通过这件事看到了汪涓的底线，便对汪涓敬而远之了。

"生死根本，欲为第一"。从人类诞生的那天起，欲望便在人的内心扎根，并随时窥伺着机会，准备用欲望蒙蔽人的本性。欲望无时无刻地在你耳边吟唱："为什么他有的我没有？""为什么他比我强？"之所以人会自私，欲望"功不可没"。

我们必须给自私上一把锁，可是什么样的锁能锁住自私呢？

自私不逾矩

也许3岁的时候，你独占一个布娃娃便能喜笑颜开，可是到30岁的时候，即便是香车宝马也换不来你莞尔一笑。原来随着时间的流逝，我们的欲望越来越多。为了满足自己的欲望，我们像负重的驴子一样踽踽前行，心中满满当当刻着自己一个人的名字。但是，自私也要有个限度。古人云：“贪如火，不遏则燎原；欲如水，不遏则滔天”。如果在自私的驱动下，去做一些有违社会道德，或者低于公序良俗的道德底线的时候，那么你的自私便会反噬。

比海洋更宽广的是人的心灵

世界上最广阔的是海洋，比海洋更广阔的是天空，比天空更广阔的是人的心灵。身在社会，我们必须要学会：“海纳百川，有容乃大；壁立千仞，无欲则刚。”须知人生的组成元素并非只有“自己”，同伴的帮助，上司的提携……都是你前进不可或缺的重要“营养”。如果你一味去迎合自己，而忽视周围的人和事，便如同“丢了西瓜捡了芝麻”般本末倒置。

君子三省吾身

君子三省吾身——通过不断的自我反省达到自我完善的目的。这招对付自私也十分好用，因为自私往往产生于人的心理活动之中，换而言之，它是你自导自演的产物，只能通过你自己进行修正或消灭。在日常工作中，你不妨对自己的心态或者是行为进行自我观察，并确立适当的参照物——社会公认的道德规范，同参照物进行对比，而后“有则改之，无则加勉”。久而久之，“自私”这个痼疾，固然存在，但是也是泥坑里的泥鳅，绝对掀不起大浪头来了。

向别人伸出援助之手

目前二十多岁的年轻人，大多是独生子女。从出生之日起，家长对他们的身体健康尤为关注，但是对于他们的心理健康却缺乏培养和重视，很多错误的教养观念导致小皇帝的不良性格和行为的形成，很多小皇帝们自“登基”之日开始，便娇生惯养，心灵脆弱，家长的溺爱和过分的保护使他们逐渐养成了以自我为中心的强烈优越感，仿佛整个世界都是为他而存在的。正是因为天上地下唯我独尊的性格，逐渐养成了他们盲目高傲、盛气凌人、自以为是的性格特征，待人处事缺乏宽容和智慧，他们自私自利，不善于同别人协作。在他们的行为字典中，宽容、尊重、助人为乐全部是边缘化的词汇。但是问题出现了，你是“皇帝”，我也是“皇帝”，当“皇帝”碰上“皇帝”，那么谁说了算呢？想要不出现“两虎之争”的现象呢？便是要学会主动帮助别人，从“龙座”上走下，变成正常人。

站在别人立场考虑其需求，并适度满足

猪和鸡正在农场散步，忽然看见远处衣衫褴褛的穷人，两只动物恻隐之心大发，鸡突发奇想说："不如我们来帮助这些穷人们吧，你提供火腿，我提供鸡蛋，那么这些穷人便能吃上火腿蛋了。"猪冷冷一笑，"我不同意，你失去的不过是一个副产品，我却要失去一条腿！"当我们在社会中，经常会犯鸡一样的错误，只从自己的角度出发，而不是站在别人的立场上考虑对方的需求。

而站在对方的角度看问题，并适度满足对方的需要恰恰是成功之道。汽车大王亨利·福特就这样总结过自己的成功秘诀："对于成功，我只做了一点，那就是站在对方的立场来看问题，找出对方的潜在需要，并满足它们。"站在别人的立场考虑对方的需求，可以浓缩为"将心比心"四个字，但是我们在很多时候往往忽视了它。

比如说，同事在工作上或者生活上需要你的帮助，你却觉得他跟你的关系不怎么好，帮助他对你没有任何的好处，所以你没有急同事所急，也没有适时地施以援手，那么你就不要看不惯你的同事在你最需要帮助的时候漠然走开。如果你能将心比心，在同事需要帮助的时候去帮助别人，那么等到你需要帮助的时候，你的同事也会很真心地帮助你，这就是所谓的"利人者利己，助人者助己"。

比如说有人对你有意见甚至在语言上冒犯你，你不设身处地地想他为什么会这样针对你，而是心存怨恨针锋相对，那么以后他跟你处处为难；如果当你的同事对你有意见的时候，你能将心比心地去感受和理解他为什么会对你有意见，或者虚心接受意见，有则改之，无则加勉，并能真诚地向别人说明情况，消除误会，那么你的职场上可能少一个处处使绊子的敌人，而多一个推心置腹的朋友。

比如说有人犯了错，你得理不饶人甚至幸灾乐祸，那么以后你犯了错对方也会揪着你的小辫子不放。如果你能将心比心，假设自己是那个犯错误的人，并且提醒自己"人非尧舜，谁能尽善"，是人都会犯错，而且没

有人主观上愿意犯错，只要对方能认识到错误，就要鼓励他改正错误；同时，反思一下，自己如何避免犯这样的错误，使自己在别人的错误中受益。所谓“以情恕人，以理律己”是也。那么等到你犯错误的时候对方也会这样对待你的。

也没有看见孙翠梅做了多少工作，却总是喊累啊累啊，这个发现让小丁愤恨不已。因为他和孙翠梅在一个小组，孙翠梅这样嚷嚷累会让领导认为她承担了更多的工作。小丁计划还击，孙翠梅又以“累”的名义请假一天，小丁忍无可忍地冲进了经理办公室，将孙翠梅做了一个月都没有做成型的策划案扔在经理的办公桌上。经理冷静地听着小丁的抱怨和指责，等到小丁的情绪平静下来后，静静地说：“小丁，她的确是累，她的父亲得了尿毒症，每天需要她往医院跑。尿毒症的治疗需要一大笔钱，所以她真的很累很累，不仅是身体，还有这儿——”经理指了指自己心脏的位置，小丁愣住了。后来小丁总是主动承担更多的任务，好给孙翠梅争取更多的时间，孙翠梅心知肚明，对小丁十分感激。

夏虫不可语冰，告诉我们如果站的立场跟别人天差地别，便难怪得出的结论大相径庭。就像是晋惠帝一样，作为皇帝的他没有挨过饿，怎么会知道民生疾苦呢？所以当群臣告诉他有百姓饥饿致死的时候，他竟然会说：“何不食肉糜（怎么不吃肉粥呢）？”

所以，我们还是试着站到对方的角度上去，考虑对方的需要吧。

多一点宽容

班固《汉书》卷六十五有句话“水至清则无鱼，人至察则无徒”。徒，就是同类或伙伴的意思，现在的话就是朋友。人太精明了就没有伙伴，没有朋友，这样的人往往容不得他人有小小的过错或性格上的差异，过分要求朋友的一言一行、一举一动完全符合自己的标准，可是人总是有着各种不同的性格特征和为人处世的方式吧，除非他是你的克隆，否则两个人永远无法达到每一件事情都一致。所以你要容忍朋友的缺点，他的出身背景、成长经历、家庭环境和你不一样。每个人都有各种各样的优点或缺点，人非圣贤，孰能无过？只要他的缺点不是道德和品质的问题，那就不影响你们之间的友谊。对待别人，要少一点苛责，多一点宽容；少一点要求，多一点付出。

多一点理解

人需要理解，就像是向日葵需要阳光一样，理解是人同人之间相互交流的平台，是人际交往的先决条件，理解是双向的，你不能只要求别人理解你，你更应该做到理解他人，因为不会理解他人，他人也就很难理解你，这样一来你的人际交流就会出现障碍。可以说，理解他人是满足人心理需要同时让自己的生活更加舒畅的润滑剂，干什么非要让别人不痛快的时候顺便给自己找别扭呢？

不是教你狡诈，学会拒绝好处多

有些年轻人很苦恼：为什么我已经尽最大的努力去帮助别人了，我的人脉却停滞不前？这让我想到了一则禅宗故事。有人找寻禅师求解脱痛苦的方法，禅师却让他自己去悟。第一天，禅师问："悟出了吗？"该人面露尴尬，禅师便举起沉重地戒尺重重地打了他一下。第二天，禅师又问："可曾悟出？"该人面露难色，仍然一无所获。禅师毫不客气地举起戒尺狠狠地打了他一下。等到第四天，禅师如法炮制地时候，这个人却挡住了。禅师笑道："你终于悟出来了——拒绝才能让你不痛苦。"

很多人会心存怀疑，好的人际关系好像同拒绝背道而驰。事实上，好的人际关系恰恰建立在会拒绝的基础上。

今天天气很好，可是段宇翔的心头一片阴霾，今天肯定是到目前为止他职业生涯中最黑暗的一天。事情是这样的，他前天要去联系客户，这个时候同事小王让他顺便载他去城南一趟，段宇翔觉得不太顺路，而且客户约的时间特别紧，但是他实在不好意思拒绝，要知道他可是公司众口皆碑的老好人啊，便答应下来。可是路况比小齐想象中还要糟糕，处处在修路，把好好的一条大路给拆成了蜂窝煤，由于小王要去的城南很绕，段天翔本来就不熟悉那里的路况，又遭遇了堵车，兜兜转转了好大的圈子，还是没有到城南，客户催得又紧，段天翔脸上的表情开始阴沉起来。过了半个小时还不到，段天翔狠狠地打方向盘，小王看出段天翔的表情不怎么痛快，干脆地说："停车，我打车去吧！"等到段天翔好不容易到了同客户约好的地方，约好的时间已经过去了三个小时，这个单子毫不意外地泡汤了。经理将段天翔叫到办公室去，用能想象到的所有语言对他进行了批评，而小王对他的态度也变了很多。后来段天翔在办公室听到了传言，说自己不办事，给同事脸色看，后来才知道是小王说的。

段天翔这次的坏心情全部是因为自找，而且是猪八戒照镜子里外不是人，同事没有讨到好，事情办得不顺利。在生活中，这种例子层出不穷，要从根源上彻底避免这种类似情况的发生，方法只有一个——拒绝。

但是怎么能把这个“不”字巧妙地说出口，既要保证自己的时间精力不受损害，又不损害自己辛苦建立起来的人际关系呢？

先说“不”，再说“但是”

如果你不能满足对方的一个要求，但是如果你能满足对方的另外一个要求，那么你就能跟对方商量用另外一个要求代替一个要求，从而用答应另外一个要求侧面地否定第一个要求。比如说当你的同事要求你去做一件事情的时候，你可以问他，我时间很忙，不能帮忙，但是为了能弥补我的过失，我请你吃饭好不好？通过这样的选择，将拒绝的负面效应控制到最小，既能顺利实现拒绝的目的，又能摆脱对方不良的请求，还摆脱了拒绝带来的难堪的场面，岂不更好。

延缓说“不”的时间

当你又被要求做你不愿意做的事情的时候，你不点头也不摇头，让要求你的人迟些再来，至于迟到多久，那就是说不好的事情了，说白了，我们打的是持久战，直到对方等到花儿都谢了，心都关了门，你还是没有空,那么不必你再说“不”，他就主动走开了。假如你是办公室的人气王，不想用直接说“不”来破坏你人气王的名声，那就将“你就等等吧”“好啊，等我有时间啊”“好啊，等我看看这个月我有时间吗”当做口头禅吧。

虚虚实实说“不”

一个不字可以让你在职场举步维艰，所以说“不”的时候一定要注重技巧，当遇见一些违反我们基本原则必须要拒绝的时候，但是请求的人却不能让你的“不”字义正词严，这个时候你就可以跟对方打太极拳，在虚虚实实间，说“不”。比如你说的拒绝的话必须是有七分实话三分假话，这样才能真真假假假假真真。

保持幽默阳光的心态，但别随意调侃人

“我从此便整天的站在柜台里，专管我的职务。虽然没有什么失职，但总觉得有些单调，有些无聊。掌柜是一副凶脸孔，主顾也没有好声气，教人活泼不得；只有孔乙己到店，才可以笑几声，所以至今还记得。”这是鲁迅先生的《孔乙己》中描述的片段。从字面意义上单纯地理解，“我”之所以能“至今还记得”，是因为“只有孔乙己到店，才能笑几声”。

不知道亲爱的读者有没有发现，现在的职场人面对的环境越来越沉闷了——闪烁的显示器、冰冷的人际关系、沉闷的办公室气氛、单调的工作环境，都成为职场人或者说是现代人的困扰。

这个时候，幽默便可以登场了。幽默就像是仙人掌，吸收走所有负面的“辐射”。幽默可以消除尴尬，不管你面临的场合多么难堪，只要幽默，气氛登时可以活跃；幽默可以活跃生活，不管你的生活多么沉闷苦痛，只要幽默在，你看到的依然是繁花碧草；幽默可以打破隔阂，只要你会幽默，那么轻松而活泼的幽默语言能打开一些心结，让你同对方之间的交际重新恢复成“绿色通道”。幽默能协助解决问题，以幽默的态度来解决问题，常会得到意想不到的效果，能使对方的不愉快和愤怒情绪一扫而光，甚至能使对方原谅你小小的不足之处；幽默还能让自己的目的轻而易举地达到。因为每个人都乐于帮助幽默的人，你给予的笑声便是最好的报偿。

广告公司的面试题可谓千奇百怪，冬娜面对这道题有点头疼。题干是这样的：简要写出奥巴马、本·拉登之间的关联，同时指出这两个人的相同点和不同点。冬娜本来想用“宿敌”来形容两者之间的关系，但是转念一想，肯定有很多人这么想，便作罢了。咬着铅笔发呆的冬娜，看着别人奋笔疾书，忽然之间灵机一动，挥笔疾书：“两者之间最大的关联是两者同为地球人，并对美国怀有特殊的‘感情’，两人的相同点在于两人的性别相同，不同点是本·拉登的胡子太长，而奥巴马根本没有胡子。”没有想到，冬娜被录取了。

因为广告公司选拔员工，注重的是创意和想象力，冬娜的幽默完全符合。

心理学家认为，幽默是人的个性、兴趣、能力、意志的综合产物。文学家认为，幽默是一种能让人心花怒放的魔法。社会学家认为，幽默是让人与人和谐相处的润滑剂。但是有些人将幽默同“贫”简单地等同起来，认为随意调侃别人、拿别人开涮也是幽默，这种观点大错特错。这种幽默是幽默中的残次品，不仅不能带给人欢欣，还能让人消化不良。

那么如何才能让自己的语言幽默有趣呢?

乐观心态

打个比方，我们幽默的语言是产品，产品的加工厂是我们乐观的心态。这方面堪称翘楚的是苏格拉底先生，大家都知道苏格拉底先生的妻子十分凶悍，经常将他赶出门去。苏格拉底便坐在门边，可是夫人怒火冲天，一盆凉水兜头浇下，面对众人的围观，苏格拉底笑眯眯地说：“我就知道雷声过后会有雨水。”若是苏格拉底没有乐观的心态，一个哲学家遭遇一个泼悍的妻子，那日子，可想而知。

积累材料

有个笑话是这样的：一个读书人正在屋子里苦思冥想做文章，妻子打趣道：“又难产了?”孰料读书人愁眉苦脸地说：“哪里比得上难产，难产肚子里还有货，我是肚子中没货，怎么能生的出来?”幽默同样也是厚积薄发的过程，所以平日里我们要注意不断扩充我们的知识面，这样才能做到无所不谈，任何时间、任何地点、任何事物都能幽默一下。

陶冶情操

幽默是一种宽容精神的体现。要善于体谅他人，要使自己学会幽默，就要学会雍容大度，克服斤斤计较，同时还要乐观。乐观与幽默是亲密的朋友，生活中如果多一点趣味和轻松，多一点笑容和游戏，多一份乐观与幽默，那么就没有克服不了的困难，也不会出现整天愁眉苦脸、忧心忡忡的痛苦者。

机敏狡黠

幽默有的时候可以同机智和敏捷画上等号，我们在看《铁齿铜牙纪晓岚》的时候发现，纪晓岚是一个非常幽默的人，他便胜在机智。他善于捕捉事物的本质，并以恰当的比喻，用诙谐的语言表现出来。我们以婚姻和爱情为例，看一下幽默大师们是如何表述的：每个女人都有两个版本，精装本和平装本，前者是在职场、社交场合给别人看的，浓妆艳抹，光彩照人；后者是在家里给最爱的人看的，换上家常服、睡衣，诉苦。婚姻中的丈夫往往只能看到妻子的平装本和别的女人的精装本——婚外恋的动机之一。相爱时，男人把女人比作星辰、飞鸟、天使等与天空有关的事物；恩断情绝时，男人把天空据为己有，把爱过的女人放回到地面上去。这种机敏地捕捉到事物的本质，用诙谐的语言表述出的幽默让人会心一笑。

与人交往不炫耀，更别表现对他人的轻视

让我们回顾一下楚汉相争的历史，我们发现楚霸王项羽错失了一次机会，那便是定都关中。无论从地形，还是经济，关中都是定都的最好选择。但是项羽对于定都关中的事情“不感冒”，执意要回江东，大家大惑不解，关羽这个时候将自己的想法和盘托出：“富贵不归故乡，如衣绣夜行，谁知之者”，说白了，项羽之所以对故乡“情有独钟”，并非看重其地理位置，而是回到故乡能满足他炫耀的心理。

不要嘲笑项羽的鼠目寸光，事实上，每个人都有炫耀的心理，这种炫耀可以同优越感画上等号，甚至这种优越感推不掉也躲不掉。比如，你家庭条件优渥，同家境贫寒的人站在一起时，你有没有优越感？你工作能力一级棒，看见业绩始终徘徊在谷底的同事时，你有没有优越感？你是博士生，便自然在白丁甚至本科生面前洋洋自得；你月薪上万，在拿千八百的人的面前自然感觉良好……人的优越感是没有穷尽的，因为人总会不断地找到自已的优越之处并从中咀嚼幸福的滋味，也难怪，因为这种办法是小人物进行心理安慰的必备的良药。

但是，我们必须指出一点，优越感不是好东西。它是一丛篱笆，远远地将你和众人割开，所以你得将你的优越感藏着掖着，收敛自己的优越感能让你看上去谦和讨喜，这样你便能最大限度地寻找同别人的共性，进而顺利实现社会交往的目的。

李玲从小到大成绩都很优异，从名牌大学毕业后顺利进入外企工作，

并连连提升。锦上添花的是，李玲的丈夫是欧洲一家企业的CEO，对于周围女人艳羡的名牌包包、名牌化妆品，她拥有的数量甚至可以用车载斗量来形容。可以说李玲生活得很幸福，但是美中不足的是，周围的人对她很客套，客套得近乎生疏。李玲不明白问题出在哪里，便笼统地认为别人是在嫉妒。直到有一天，李玲的顶头上司——年薪百万、丈夫身价过亿的经理直接告诫："李玲，不要张口闭口'当年我们学校''欧洲如何如何'，你知道吗？别人背地里都叫你'孔雀公主'，说你太喜欢炫耀了。"

李玲顿觉兜头一盆凉水，怪不得办公室的同事对她如斯冷淡。原因并不是出自大家的羡慕嫉妒恨，而是出于对自己自我炫耀的反感。李玲赶紧收敛。好在工作的流动性很大，办公室中又换了很多新面孔，这次李玲不仅对丈夫的事情三缄其口，甚至连自己的母校都闭口不提。

不管你优越感多么的强烈，切忌炫耀。在人际关系中，炫耀便是赤裸裸的挑衅，进而造成紧张的气氛，可好的人际关系都建立在一种轻松的氛围之上。试想一下，你的同事动辄抓着你显摆自己家用的名牌产品，或者告诉你自己的丈夫赚了多少钱，儿子的成绩可以保送名牌大学……谁会愿意和这样的同事多交流呢？谁愿意成为他优越感横溢的"垫脚石"呢？想要获得好的人际关系，你还是找到自己身心所处的两个世界的平衡点吧。

相机而动

鸟类和兽类大战，一开始鸟类占了上风，蝙蝠便挥舞着自己身上的翅膀，充当鸟类；后来兽类占了上风，蝙蝠便露出自己的牙齿，充当兽类。虽然蝙蝠的这种两面派行为为我们所不齿，但是我们必须要学习蝙蝠的这种相机而动的本领。也就是说，你在人际交流中，遇到什么样的人就要表现出什么样的气质。遇到农民工，就不要卖弄文凭，而是问一句家中收成如何，工地工作怎样；遇到白领，就不要炫耀你有房有车，而是问一句压力是不是跟你一样大，工作是不是跟你一样进入了疲惫期……总而言之，你要学会到什么山头唱什么歌，无论阳春白雪还是下里巴人，都对你的"歌声"情有独钟。

固本清源

优越感是人的本能意识，只有在源头进行调节，才能达到遏制的效果。想要有效克服自己的优越感，可以尝试"固本清源"法。此法分为三个步骤：首先，找寻压力。你可能在这方面有优越感，但是未见得在另一方面也有，要找到自己不具备优越感的领域，并将其转化为你的压力。其次，问一问。问自己个问题："我凭什么觉得我比别人好，有没有人比我强?"让自己找到正确的定位。最后，不断对自己的性格进行自我完善。

其实每个人都像是月亮，有光洁明亮的一面，也有崎岖阴暗的一面。如果每个人都拿自己的明亮面对照别人的阴暗面，那么总能收获很多优越感。如果用自己的阴暗面对照别人的光亮面，我们将收获前进的动力以及谦虚的美德。

自我暗示

自我暗示非常神奇，它会告诉你注意什么、追求什么，而你的身体将会忠实地执行它的指令。所以我们不妨借助自我暗示改掉喜欢炫耀的坏习惯。最简单的心理暗示是重复暗示——当人类重复一个动作二十三次的时候，人的身体就会永远记住这个动作。从心理学的角度上说，人一旦做出一个动作，并不断重复，那么这个动作的指令就会不断的自我加强，而我们的内在思维也不断地强化它，一直把它强化成我们的潜意识认为这是我们生活中不可或缺的动作，就好像是我们进入了我们自己铸造的围城，轻易是走不出来的。你可以不断地告诉自己的潜意识，自己是一个不喜欢炫耀的人，经过长时期的重复暗示后，潜意识将这句话刻在大脑上，我们喜欢炫耀的毛病也可以治疗好了。

帮助别人尽心尽力，事后不张扬自己的功劳

许攸，熟悉《三国演义》的人对他都不陌生。如果不是他，曹操也许早在官渡之战就"game over"了，哪里还有"日月之行，若出其里"的千秋霸业？可是许攸却被曹操杀死了，为什么呢？还不是祸从口出。许攸跟随曹操平定冀州后，生怕曹操将自己的功劳忘了，动不动就说："哎呀，曹阿瞒，要不是当初我帮助你，你的脑袋早就被袁绍摘下来当球踢了。"这让曹操很没面子，因为你亲戚"犯了事"，袁绍要办你，你许攸才帮助我的，我根本不用承你的人情。曹操忍无可忍之下终于不再忍，直接将许攸的脑袋摘下来了，于是世界清静了。

俗话说得好：“以铜为鉴，可正衣冠；以古为鉴，可知兴替；以人为鉴，可明得失。”我们从许攸被杀事件看其必然性，第一，许攸帮助曹操源于私心——袁绍要处置他，他逃跑后顺便用曹操报复袁绍（曹操绝对不是被人利用的主）；第二，许攸帮助完曹操后，将这件事情挂在嘴边（曹操绝对不是欠人人情的主）。正是这两点导致了许攸的被杀，我们可以得出一个结论：帮助别人要尽心尽力，事后还不能张扬自己的功劳。

为什么这么说呢？

我们先进行换位思考，现在是你需要帮助，你的朋友口头上答应下来，但是行动很迟缓，完全是在敷衍你，这样你非常生气——生气朋友不尽心，既然不好好帮忙还不如最开始不帮忙。等到你的事情告一段落后，朋友又跑出来张扬自己的功劳，这个时候你何止生气，简直是愤怒了。“太不要脸了，这同你有什么关系”恐怕才是你的想法。

你看，不尽心尽力地帮助别人，并张扬自己的功劳，别人会产生这样的想法。所以我们在人际关系中，可要避免这类误区。

胡经理是宁波人，特别喜欢吃糍粑。可在北方，糍粑并不常见。上次大家聚餐的时候，胡经理又一次说起了对糍粑的想念。这个时候方子搭腔了：“经理，我认识一个开饭店的人，他很擅长做这个，不如我帮您买点。”胡经理喜出望外，赶忙说：“谢谢你啊方子，我把钱给你。”本来挺好一件事，可是方子回头犯了难。擅长做糍粑的那位师傅早就辞职了，这下可怎么办？方子无奈之下，只好用经理的钱买了一个做糍粑用的石臼，跟经理说：“还是自己做的好吃。”胡经理面不改色，接过了石臼。后来经理真的动手做糍粑，并将成品分送给同事们尝。这下方子又有点得意忘形，跟同事们说：“幸亏有我，经理才能用石臼做出这么好吃的糍粑。”恰好经理路过，听闻此言，斜着看了方子一眼。原来方子买的石臼是样子货，舂了一次竟然裂开了，这是经理自己买的，价格只用了方子花费的一半。

我们揣测一下，如果经理是一个小肚鸡肠的人，会不会给打马虎眼的方子“小鞋”穿呢？方子在帮助经理的时候，没有尽心尽力不说，事后还将自己端到了功劳簿上，这让人很不舒服。

能否尽心尽力地帮助别人，是个“诚”的问题，如果你不诚心地帮助别人，别人自然不会承你的情。事后将你写在功劳簿上，是被帮助者的事情，完全不必你去越俎代庖。如果你想在人际关系中收获更多，学会诚心地去帮助别人，之后缄口不言吧。

低调做人，高调做事

杨千烨获得的评价一向很高，大家对她的评价大多是“真诚”、“善良”、“不造作”。之所以能获得很高的评价，同杨千烨高调做事，低调做人不无关系。比如她在2003年“非典”期间以无名氏的名义低调捐助了两万个口罩，当记者终于打听到了她的事迹后，她甚至很愕然地问：“你怎么知道的？这么一件小事没有什么好讲的，只是出了自己的一份力而已。”杨千烨的这种帮忙方式，让大家更喜欢她了。相比较那些善于将帮忙变成作秀而言的人而言，杨千烨的行为简直可以称得上高尚。

尽心竭力，下自成蹊

桃李不言，下自成蹊。而桃李之所以不言，是笃定别人不是瞎子，必然能看见它们灼灼其华的鲜花，丰硕甜美的果实。人也一样，当你帮助别人尽心竭力的时候，别人自然能感受到你这个人可“交”，不用你去说出来。当然，如果你帮助别人的时候敷衍了事，别人自然也能感受到你这个人“不地道”，自然对你敬而远之。

言行相符，量力而为

没有金刚钻，别揽瓷器活，偏偏有些人不记着这句老话，贸然揽一些超出自己能力范围的事情，不仅帮不到忙，反而越帮越忙。别人不会心生感激，甚至会生出嫌隙。有个大学同学，在做论文的时候出去找工作，便将论文交给我。我已经自顾不暇，还要打肿了脸充胖子。结果两份论文全部被打回重做，同学十分生气，认为我没有尽心竭力。我也很委屈，认为自己已经尽到了全力。所以，我们在帮忙的时候，要言行相符，量力而为。

多做一点没关系，别人会因此高看你

你有没有这种感觉，我们活在《楚门的世界》中，无论生活还是职场都是一个巨大的舞台，而我们都在谋求最多的出场机会。可是不管我们努力还是不努力，舞台都是固定的体积，不大不小。如果你从事的只是你报酬分内的工作，那么别人对你的评价充其量不过是尽忠职守，当你做了超过你报酬价值的工作时，那么你的行动会让别人对你高看一眼。

你或许会问："多做一点工作，同好的人脉有什么关系？"如你所说，"人脉法则"已经成为人尽皆知的"潜规则"，很多人都意识到人脉是一种十分重要的资源，可是问题在于你如何让别人心甘情愿地做你的人脉？你必须向别人展示你所能给的回报。而你的能力、品格等，都将成为评判你能给予回报的依据。

如果你每天多做一点职责范围以外的事情，就让众人看到了你率先主动的品质，并认定你是一个敏捷而积极的人。每天多做一点工作，能让你时刻保持斗志，积少成多地让你不断充实锻炼自己。当然，也能为你谋求更大的舞台，给你空间展示你的才华，这样才能让大家都注意到你。

现在的汪涵可以说得上是"春风得意马蹄疾"了，但是这位湖南卫视的主持一哥走红的经历洒满了奋斗的汗水。汪涵进入湖南卫视的时候，只是一名剧务。每天的工作是骑着"除了铃铛不响，哪里都响"的单车，订盒饭，买矿泉水。不过汪涵不仅对分内的事业尽责，对分外的事也一丝不苟。比如录制现场出现冷场的时候，汪涵便"跳"出来，给观众讲笑话，逗表情，如果现场气氛还不活跃，汪涵便主动拍巴掌，久而久之，汪涵练就了一双"铁掌"。有一次，汪涵给湖南卫视的一档栏目《真情》做剧务的时候，再度分外分内的事一肩挑，主持人仇晓觉得汪涵不错，并向领导推荐其做男主持，从此汪涵正式踏入主持界，并一发不可收。

汪涵便是"多干一点点"的形象代言人。如果汪涵不这样做的话，这颗明珠的发掘也许会浪费很多时间，更或者干脆就被埋没了。

其实成功者和失败者的差距，并不是一道巨大的鸿沟，而是体现在一些微小的事情上。每天多做一点点，每天多学一点点，每天多看一点点……积少成多，就会比别人做得更好；水滴石穿，就会让人对你青眼相加；绳锯木断，就会离成功更近一点。

相比较而言，更多人愿意花费时间去找寻成功的捷径，却不肯脚踏实地地工作。这样做何异于“丢了西瓜拣芝麻”？其实，工作才是我们的根本，才是我们可以为人脉提供回报的最佳证明。

要想拓展自己的人脉，成为人脉眼中不可或缺的人才，只需要你每天“多做一点点”。

主动一点点，别人会高看你一眼

我们的工作就像是一块土地，讲究的是“一分耕耘，一分收获”，而且旱涝保收（毕竟不用考虑自然灾害、人为破坏、恶人抢劫）。既然是“耕耘”，便要遵循春种秋收的规则，如果你在春种的时候晚一点，秋收的时候晚一点，那么你的收成必然要少一点。所以你不仅要符合时令，还要走在前面。在春种之前，可以种一点小白菜、小油菜。不耽误你春种，还能帮助你赚取额外的收入。这便是主动一点点的妙处！

提前上班推迟下班，你的努力别人看得见

很多人一提到提前上班推迟下班，就立刻火冒三丈，以为我在帮助老板剥削他们。其实提前上班推迟下班是一件双赢的事情：首先，提前上班推迟下班，你可以错过上下班的高峰期，堵车、等车的困扰从此远离你，让你在每天上班前保持快乐的情绪。其次，提前上班推迟下班能够帮助你提高工作效率，早晨有助你顺利理清一天工作内容，晚上可以让你今日事今日毕。最后，提前上班推迟下班还能赢得老板以及同事的好评，认为你这个年轻人既踏实肯干，又主动勤奋。这不是一举三得的好事吗？既然是好事，为什么不今天开始实施呢？

没事找点事，你的勤奋别人都知道

HP公司认为，一个优秀的员工所表现出来的主动性，不仅仅是能坚持自己的想法或者项目并主动完成它，而是主动承担自己工作以外的责任。也就是说，你想让大家认为你不错，就要没事找事做。要知道守着树的人太多了，而主动撞上树的兔子实在是太少了。我们可不能做守株待兔的傻子，而是要做主动出击的精明人。每天多承担点本职工作外的工作，不断学习，不断充实和完善自己，争取将自己变成“万能钥匙”——我不仅会做PPT，我还能做策划；我不仅能做销售，而且广告创意也不错。假以时日，你便成了全才，逮到兔子当然不在话下。

注意细节，做到尽善尽美

假如我们面前有一道菜，色香味俱全，但是盛在破损的盘子中，会不会影响到我们用餐的心情呢？当然会！细节决定命运，这句话绝非危言耸听。在工作中，细节也很重要，换而言之，工作中没有细枝末节之说。以文秘的工作而言，无论是文档的标题、字体、页眉、文本框，相较于内容，似乎都是旁枝末节。但是正是这些旁枝末节的存在，才让整体文档更加饱满完美。所以，在工作中，在完成工作的基础上，尽量去注意细节，完善细节，尽量将工作做到尽善尽美。一份尽善尽美的工作成果，同一份只是“完成”的工作成果相比，显然前者会赚到更多的分数。

第六章　不闲置、不放弃、不疏离，提高已有资源的利用率

很多年轻人都有这样的经历，在联络方式中“清人”——将很多没有联系没有动静的朋友清理出自己的联络方式。这样做对吗？联络方式中久不联络的好友，如同一座暮秋的花园，你看见的只有荒芜，但是你并不知道哪一丛荒草是牡丹，哪一丛野草是锦簇，哪一棵小树是枫树……人，亦同植物。不可能一年四季开花结果，只有你不断地去观察、去接触、去联系，才能发掘出他全部的内容。

认真理好手中牌，别浪费重要人力资源

2011年春节联欢晚会上，赵本山凭借《同桌的你》再度蝉联“小品王”。《同桌的你》中一句台词让人记忆犹新：“我爹不会用炸，有一回斗地主，四个二把俩王带出去了。”不由感慨，人生本来就是一场游戏，而命运才是最大的庄家，我们只不过是玩家。虽然命运掌控着游戏规则，但是我们也有选择怎么出牌的权利。如果不会打牌的话，手中的牌再好也没有用。如果会打牌的话，即便命运给你一手烂牌，也能反败为胜。

同理，我们的人脉也是牌。如果你打牌打得好，就会出现1+1=11的情况；如果你牌打得不好，就会出现1+1=1的情况。而年轻人最容易犯1+1=1的错误，明明手中有好牌，因为不善于理牌或者没有将牌的威力发挥到最大，导致了重要的人力资源白白浪费。

赛赛是个大大咧咧的女孩，人缘不坏，跟朋友往来得很勤，大家什么好事都能想到她。可是赛赛已经“失踪”二十多天了，朋友们都面面相觑，赛赛哪里去了。再度出现在朋友面前的赛赛面容憔悴，脸色苍白，大家都问赛赛发生了什么事，赛赛轻描淡写：“被开除了。”原来赛赛的设计

成果被一名同事剽窃，而领导偏听偏信，罔顾赛赛的原稿，而对同事的话信以为真。赛赛愤而辞职，但是这件事对赛赛的打击很大，于是躲起来几天进行自我修复。一个朋友听了，笑道："这是多么大点的事啊。"这位朋友立刻给自己的父亲打电话，原来这位朋友的父亲恰好就是赛赛所在公司的董事。董事过问，非同小可，赛赛被领导毕恭毕敬地请了回去，剽窃的同事也遭受到了应有的惩罚。

赛赛这才发现，自己的朋友竟然哪行哪业的都有，自己竟然从来没有想到过向朋友们求救，按照朋友的话说："你简直浪费我们这些重要的资源。"

越来越多的人开始注重人脉了。他们纷纷设立了存储罐，将自己的人脉关系就像是硬币一样，一个一个地投入自己的人际关系储蓄罐中。可是问题出现了，钱，之所以重要，在于它的流通。人脉，之所以重要，在于他的作用。你将人脉储蓄起来，也闲置起来，那么人脉的作用便发挥不了了。

怎样才能做到让手中的人力资源物尽其用呢？

定期梳理

人脉，就好像花园中形形色色的花草树木。但是任由各种花木繁衍，你的花园势必会出现杂草与鲜花混杂，枯枝同嫩叶并存的景象，虽然繁茂，却杂乱不堪，你只有通过不断的整合、分类、梳理，才能将自己的花园焕然一新，并让它看上去最美。

区别对待

在此，我必须重申一下二八定律。二八定律的内容是，在任何一组东西中，最重要的只占据其中的一小部分，约20%。其余80%的尽管是多数，但是次要的。也就是说，在你的人脉中，有20%的贵人。你必须将你的这20%的人脉整理出来，并区别对待。

长线工程

俗话说得好："放长线，才能钓大鱼。"人脉的积累总是需要很多年的努力，任何一条人脉以及由此所延伸出去的相关人脉都不会成就在一朝一夕，都要伴随着长久的关怀与付出。积蓄人情打的是"持久战"，它贯穿于一个人的全部生命过程，这就要求坚决杜绝"一次性交往"的心态及行为。为你的人脉制定备忘录，这样才能更好地进行人脉管理，让你在需要人脉的时候得心应手。

摒弃势利眼

人生就像是一条曲线，有高峰和低谷。所以不要存在势利眼，结交一些目前跌停的“潜力股”，对于你人脉的发展有非常好的帮助。27 岁的于得水，已经是一个公司的公关经理。而于得水得到这个职位，竟然是自己“跑”来找他的，原因在于现在的老板是他原来的客户，遭遇经济危机后一蹶不振。于得水十分同情他，在知道他单位的员工大多离职的时候，竟然自告奋勇地给老板免费做兼职。没有想到老板的生意后来又风生水起，这个老板为了感谢他曾经的帮助，为他提供了非常好的职位和待遇。这件事情告诫我们，人呢，不要存在势利眼。势利眼，会将你的人脉资源吓跑哦。

与人为善

不管你手中的人脉关系多么丰厚，也不要忘记与人为善。其实，与人为善不仅应该是一种交友态度、处世哲学，更应是你为人的重要准则。它应包含宽容大度、助人为乐、不妒嫉不挑剔，以善意的态度对待和帮助他人几个方面。如果你在现实生活和工作中能处处与人为善，你的人脉圈定会不断扩大，你一定会交到真朋友。

昔日师长会为你带来意想不到的人脉

在《西游记》的主角里，猪八戒无疑是风头最弱的一个。从外形上讲，作为猪胎的猪八戒容貌丑陋；从能力上讲，每次跟妖怪打仗猪八戒屡战屡败；从人缘上讲，猪八戒得罪的人虽然不多但是也不少（比如嫦娥）；从品质上说，猪八戒又馋又懒又好色。偏偏是这样的一个猪八戒，竟然修成了正果，博了一个净坛使者的称号，从此端上了铁饭碗。

猪八戒的成功，其实很好理解，他有个好师父——唐玄奘。我们来看一下唐玄奘，他的人脉关系几乎无所不有。他的导师是行业内最大成者如来佛祖，他的干哥哥是一个国家的领导人唐太宗李世民，他的第一位学生是曾经上天入地的美猴王。在这样的师父带领下，即便猪八戒又馋又懒又好色，也会成功——因为师生之间的关系纽带，可以这样说，唐玄奘所有的人脉关系实际上等同于猪八戒的人脉关系。

北京大学青年成才促进会曾经提出在企业家同学生之间，建立导师制度。北京大学青年促进会认为，导师制度的建立可以很好地解决和弥补学生们缺乏资金和人脉的短板，有经验的导师将会很清楚地知道你的问题应该找哪个人解决，他会介绍人帮助你分析问题、解决问题，甚至还可以帮你申请一定的资金，让你能够渡过暂时的难关，让你把自己的企业继续进行下去。

从某种意义上说，章子怡是张艺谋的学生。在拍摄完《我的父亲母亲》后，章子怡声名鹊起。此时张纪中版的《笑傲江湖》即将开拍，有意想邀章子怡出演，并开出了相对较高的片酬。当章子怡询问张艺谋的意见时候，张艺谋认为《笑傲江湖》会毁了章子怡，后来也是张艺谋推荐章子怡出演李安的《卧虎藏龙》。张艺谋是这样说的："章子怡有能力，还有抓住能力的机会。她当年上《卧虎藏龙》，我给李安打了个电话，也是简单的一个推荐。两个月过去了，李安也没理她，没看上。又过两个月，李安才通知她去试镜，选了她。拍的时候，章子怡几乎天天晚上哭，因为她完全不能适应李安严格的要求。我跟她说，李安是一个非常了不起的导演，你一定要把角色拿下来，她真的咬牙坚持下来。这个电影的成功给她带来一个转折，她变成一个能文能武的演员，跟巩俐不是一个类型，可以演相当多的动作戏。"

可以说，张艺谋成就了章子怡这颗国际巨星。

师长的人脉丰厚到了一定程度。首先，中国历来讲究尊师重道，学生对老师的态度是恭敬的，而老师所教授的一茬又一茬的学生中，即便按照概率来算，也会有一两个有出息的，如果你能跟老师搞好关系，那么这便是你的人脉。其次，老师的同事也会变成你的人脉，因为老师的专长正是你所要从事的领域。最后，老师的亲戚朋友也可以变成你的人脉。

问题来了，该如何同师长建立和谐的人脉关系呢？

将师长纳入人脉数据库

将师长纳入人脉数据库，需要我们动用我们的脑子。将我们师长的联系方式、生日、特殊爱好，一一在我们大脑中登记，并记录在案。清华商学院的一位毕业生，每年都要为自己的导师过生日。生日礼物不是奇珍也非异宝，而是各色的石头，原来这位老师恋石成癖。每次他的礼物都能让老师笑呵呵，当然他的回报也是非常丰厚的，因为老师的学生们大多都是CEO，彼此在老师家交换一下信息，收获良多。

与师长的情谊源源不断

“平日不登三宝殿”有事的时候才去“抱佛脚”，尽管你是徒弟，老师也会有点反感。所以，我们平日里便要主动维护我们同师长之间的关系。善于运用一切通讯工具，电话、电子邮件、QQ、MSN，向老师们汇报汇报工作，问候问候老师的日常起居，聊聊天都是可以的。在长时间的维护中，你同师长之间的关系才会越来越稳固。

把师长变成你的合作伙伴

甲和乙开店面，共同担负盈亏。那么甲和乙就会丝毫“不藏奸”地进行资源共享，从而达到利益最大化。当你同你的师长建立起合作关系的时候，那么师长便变成了你的合作伙伴，他的人脉网络自然能为你所用。

感恩，是对师长最好的褒奖

曾经有这样一则故事：昔年经济开放，众人纷纷“下海”，唯有经济学院的老师不为所动。有学生调侃道：“老师水性如此之好，为何不下海弄潮？”老师笑答：“如果我也下海，那么谁教你们游泳呢？”要知道，你的知识、本领大多都是老师教的，老师对你的影响帮助是长久甚至是一辈子的，你从老师身上永远有学不完的东西。但是，想要跟师长保持好的关系，并不需要溜须拍马和阿谀奉承，也不用刻意去迎合，而是表现出你的感恩。你的感激对他来说，就是一种认同和支持，同时也是一种激励。

同学应该多联系，相互扶持聚人力

前些日子参加了同学聚会，回忆起以前的大学生活，大家无不感慨万千：8平方米的宿舍里，竟然堆了39双鞋，如何跟宿管斗智斗勇养小动物，怎样在操场上搭讪漂亮美眉，每次洗澡抢水龙头都是一场硬仗，三块钱一大碗红烧肉大家争争抢抢，食堂一楼的胖师傅看见漂亮女生，就给打很多菜……说到最后，便“相顾无言，唯有泪千行”。

便想起了毛泽东的诗词："恰同学少年，风华正茂。书生意气，挥斥方遒。"我们的学生时代何尝不是如此呢？也许正是因为我们彼此印证了那段青葱岁月，其实我们也说不清楚，我们爱的究竟是同学还是同学记忆中的我们自己。就算是爱屋及乌罢，所以同窗关系才能在"四大铁"中名列榜首——一起同过窗，一起扛过枪，一起下过乡，一起嫖过娼。

那你有没有想过，同学还是你的人脉哩。千万不要反感，认为将同学变成自己的人脉是一件多么面目可憎的事情。不信你看一下古今中外，大凡"名流"皆将同学变成自己的人脉基础。当然，唯一不同的是，这种人脉是靠感情来维持的。

没有成立新东方时的俞敏洪，那时候还是一个普通的大学生，这个憨憨厚厚的家伙，成绩挺糟糕，保持了连续四年的倒数第一。但是这家伙人缘好，每天都不辞劳苦地给同学们打水。后来俞敏洪成立了新东方，可是人才太缺乏了。他向自己的同窗好友们求救，甚至准备用大量的美金进行金钱攻势。没有想到，同窗们真的回来了，他们告诉俞敏洪："我们回来是冲着你给我们打水的那份情谊。"就这样，俞敏洪这只土鳖带领了一帮海龟开始战斗，这些同窗在俞敏洪改制新东方、上市风波的时候，不离不弃，从来没有一个人要自立门户。俞敏洪说，只有同窗好友才能创造这样的奇迹。

不光是俞敏洪在依靠同窗，比尔·盖茨能成立微软同自己的舍友史蒂夫·鲍尔默不无关系；史玉柱的脑白金大放异彩，住在他下铺的兄弟陈国功不可没；马化腾的腾讯，还需要四名大学同学来做四轮驱动……看，同学的力量巨大得很。

我们如何将这份人脉打理好呢？

情谊做土壤

经过调查得知，有60%的人认为同学聚会的最大目的便是拓展人脉，令人觉得惊奇的是，有几乎相同比例的人认为同学会对于拓展人脉没有帮助。其实同学之间的友情虽然存在，但是一开始便将同学当成"人梯"，鬼才愿意理你！同学是最好的人脉，但不一定同学会愿意当你的人脉，因为将同学转化成人脉存在一个前提，那就是用情谊做土壤。可是当今社会，大多直奔主题，哪还肯去用情谊的土壤将人脉精心培育。于是我们看到，同学与同学之间的距离越来越大，同学也都“各自为政”，越来越长久地蜗居在自我的天地中，他们愿意沉浸在网络世界，或者同钱肝胆相照……哪里还有心思去想什么友谊。殊不知，友谊不维护，人脉会受影响，也许还会堵塞你成功之路。

热情来浇灌

有一人乍出校门便春风得意，于是洋洋自得忘乎所以，看见昔年同窗便做出一副趾高气扬的样貌来。同窗们纷纷敬而远之，唯恐担上了阿谀奉承的名头。过了几年，洋洋自得者因为一个贪污事件受牵连，被打落原形。重新做出一副诚惶诚恐的样子，这个时候的同窗照样敬而远之，这个人便变身成了祥林嫂，整日说同学情谊的薄凉。唉，同学情谊这粒种子，被这位仁兄，先是扔在了南极，而后又被扔进了赤道，能不死才是奇迹。此人可以算得上是一个反例，我们要牢记，同学情时时刻刻都需要热情来浇灌，才不至于让种子受到损害，才会绽放出最美的花朵。

理想来护花

俗话说得好，道不同不相为谋。并不是所有的同学都适合纳入人脉圈的，比如你的愿望是在大城市打拼完成理想，他的梦想是在县城生活安逸，他或许可以成为你的朋友，但是绝不是你的人脉。所以我们将同学转化人脉的过程中，需要进行筛选。那些拥有进取心，拥有共同的理想者，才是你的人脉。你可以根据对昔日同学的了解，综合他们的性格爱好，然后进行取舍。

沟通架桥梁

生活就像是一路公共汽车，你在A点下车，他在B点下车，我在C点下车。因为下车的地点不同，所以我们看到的风景也不相同。久而久之，我们开始习惯了自己周围的风景，却想不起在公共汽车上的样子。只有不断地进行沟通，才能保障你人脉的畅通。沟通是同学们进行思想交流、增进了解、取得信任的桥梁。它能及时消除误解与分歧，是产生和谐、消除阻力的良方。

同乡情谊要珍惜，有事没事勤沟通

蘑菇的体积对于蚂蚁而言，算得上是“庞然大物”了。但是你绝对没有想到，小小的蚂蚁不仅能吃蘑菇还能种蘑菇。在南美洲的热带丛林里，便有一种这样的蚂蚁。它们的体积同普通的蚂蚁相差无几，通常的时候，它们倾巢而出，将树叶切成小片带回蚁穴中发酵，而后取食树叶上长出的蘑菇。很多人对于这种现象啧啧称奇，他们不明白，为什么小小的蚂蚁竟然摇身一变，成了种植业的高手。

嗨，归根到底一句话——团结就是力量。团结往往能产生巨大的效应，尤其是“同乡”的团结，往往能创造出惊人的力量。我们先来看一下同乡到底是什么？同乡是个貌似清楚却不能严格定义的模糊概念，有大同乡小同乡之分，很大程度上依赖双方对原籍的地理范围和方言文化的认同。原籍归小到一乡，大到一省，都被称之为同乡，地方越大则越模糊。而同乡的产生存在一个前提，那便是在异地。如果是在家乡，哪来同乡之说呢。正是因为在异地，彼此才会对各自的方言、习俗，或者是饮食习惯感受到浓重的亲切。于是人生四大喜事中，我们赫然看到他乡遇故知。

朱镕基曾经这样评价温州人：“能睡地板，能当老板”，如今“东方的犹太人”们声名大噪，身影遍布全球。2003 年 10 月在温州召开的首届世界温州人大会上，有 1500 名来自全世界 60 个国家和地区的温州籍人士参加。温州人为什么能发展到如此境地呢？温州草根商人李亚男为我们揭开了谜底，他说：“我们温州人在外谋生，首先靠的便是老乡之间的互相帮助。我们深深地懂得，在家靠父母，出门靠朋友，而我们的同乡都是我们的朋友。”李亚男为了证明自己的观点，还举了一个例子，当年他才到纽约，开了一家饭馆，将十几万元的积蓄赔了一个底朝天，最穷困潦倒的时候，李亚男口袋里才剩下 7 美元，仅够买 3 根热狗。李胜男便用这七美元买了 3 根热狗，随手递给了自己的同乡马志祥，马志祥二话不说招来 20 多个温州老乡，这些同乡听了李胜男的困窘，竟然都表示要祝他一臂之力。有人给他送钱，有人给他找厨师，有人给他送原料，仅用了一周时间，李胜男的餐馆就东山再起。每次谈到这件事，李胜男就激动不已。他说，温州人走南闯北，现在全国各地乃至世界各国都有温州人，在外面做生意的温州人更是抱成一团，这种团队精神，是温州商人成功的重要因素。

虽然不是远亲，然而一句乡音，将彼此变成了近邻。联系我们之间的关系的，是家乡的山，家乡的水，家乡的土地。于是有了那句："美不美，家乡水；亲不亲，故乡人。"

可是如何将自己的老乡变成自己的人脉呢？

前期调查

同样是灯，吊灯却适合客厅照明，吸顶灯适合在卧室照明，壁灯适合卫生间照明。同理，同样是同乡，有的可以做人脉，有的不可以。在构建自己的同乡人脉中，我们必须进行观察。但凡能成为人脉的同乡，大多是关系网中积极活跃的因素，他们让各种聚会变得不乏善可陈。需知嘴上的"同乡"并不等于客观的同乡，在人脉学中这是两个概念。嘴上"同乡"，仅仅属于同乡当中能够相互帮忙的亚群体。那些帮不上忙或者没本事、没资源帮忙的同乡，虽是真正同乡，却不进入关系的视野。

建立关系

一般而言，老乡在异地相遇，都会发自内心地表现出激动。辅之以互相拍打后背的亲热肢体语言，颇有几分胜利会师的味道。今天你请客，明天我号召打麻将，一时间关系好的是蜜里调油。但是真的是关系好吗？如果关系这么轻易地便建立起来，那么就不会有酒肉朋友、狐朋狗友这样的形容词了。想同老乡建立良好的发展关系，需要真诚地去同老乡沟通，而不是混在一起吃吃喝喝。

谦逊态度

放低姿态，最要紧的是要放低说话的姿态，因为祸从口出，病从口入，谦和有礼的君子风度人人喜爱，不仅能消除别人的敌意，还能维持和谐良好的人际关系。若是将眼睛长在额头上，即便是同乡恐怕也不肯买你的账。所以同老乡交往的时候，要放低说话的姿态，谦逊诚肯地与对方交流。

学会主动帮助人

李碧华说过："什么叫多余？夏天的棉袄，冬天的蒲扇，还有等我已经心冷后你的殷勤。"这句话很适用于人际交往，不管是同同学相处还是同同乡相处，都要学会主动及时地去帮助别人。当然，这还需要你会换位思考，站在不同的角度思考问题，你的想法也是不一样的，得到的反馈效果同样也会不一样。只有换位思考才能让你知道对方想要什么，只有站在对方的立场上体验和思考问题，从而与对方在情感上得到的沟通，才知道对方想要什么。

一起共事，不要事情一完成关系就结束

老祖宗说："滴水之恩当涌泉相报"。但是老祖宗又说："过河拆桥、卸磨杀驴、兔死狗烹、鸟尽弓藏"。根据词汇的数量看，明显后者多于前者。也就是说，在当今社会中，"用人朝前不用人朝后"的人为数众多。

他们简直拥有双重性格，一起共事的时候，他们可以给你捶胸搓背捏鼻子，可是事情一旦完结立刻翻脸无情。这种人给人以什么感觉呢？第一，有心计。在利用你的时候会绞尽脑汁地讨好你；第二，阴阳脸。他们根据具体的人和事物的改变而改变。第三，狡诈，为了完成自己的目的不择手段……总而言之，一个"用人朝前不用人朝后的人"给别人的都是负面的印象。

虽然我们也认可"物竞天择，适者生存"，但是"用人朝前不用人朝后"者同适者生存没有半点关系，他们往往不会顾及他人的利益，喜欢以自我为中心，满眼看到的都是自己的利益。而别人，充其量不过是他实现目标的踏板、桥梁，他不屑于跟踏板和桥梁沟通感情。

没有谁能演一辈子戏，名演员们都做不到，这些人"用人朝前不用人朝后"的伎俩一旦被识破，那么他们的信用、诚心、义气将被大打折扣。

社会上"用人朝前不用人朝后"的人太多了，若有事情用到你，就同你频繁联系，笑脸迎人，问候殷勤，然后提出让你帮忙，同你共事；一旦你没有可利用价值，哪怕走到了对面，鼻子对鼻子，脸对脸，都不见人家的眼皮掀一掀。不由让人感慨一句，翻脸真的比翻书快啊。当然，这些人的人际关系大多是一次性的，等到他第二次需要帮助的时候，发现自己的所有伎俩都失去了效用。

如何将你们之间的"一次性"关系固定下来呢？

联系，永恒的保鲜剂

“远亲不如近邻”可以引申为，不常联系的亲戚不如经常碰面的邻居亲切。联系，是人际关系永恒的保鲜剂。有人会拍着胸脯保证说：“无论多少年不见面，我同××的关系都是钢钢的！”这句话很滑稽。关系其实是这么一档子事，不管你们的关系之前是多么的“铁”，如果不联系的话，你们之间的交叉点便没有了，又重新恢复成为两条方向不同的直线。所以，有事没事，拿起电话机，同你的朋友多联系。

态度，永恒的催化剂

你微笑，别人能感觉一阵愉悦的清风徐徐来袭；你撇嘴，别人能感觉秋天的寒气扑面而来。这就是不同态度给人的不同感觉，如果你最开始的时候给别人的是正面的、和蔼的态度，那么就要保持下去，否则别人会因为你日后的态度将你以前的态度完全推翻，并据此得出你是一个虚伪的人的结论。这同心理学中的“阿伦森效应”不谋而合，所谓的“阿伦森效应”是指人们喜欢那些对自己喜欢、奖励、赞扬不断增加的人或物，反之则会令人生厌。

坚持，永恒的助燃剂

很多“用人朝前不用人朝后”的人也感觉颇为委屈，共事结束后，也许你同你的朋友之间的联系机会变少了，工作生活中的琐事越来越多，久而久之联系便淡了。唉，这便是“用人朝超前不用人朝后”者的目光短浅所在，难道他就没有听过“半途效应”吗？心理学中的“半途效应”告诉我们，很多拥有良好开端的事情，走到半途的时候都有可能戛然而止。在“半途效应”的作用下，人们可能不以为意，但是，半途的停止可能会导致永远的停止。——你可能永远失去了一个朋友。

有间，永恒的安全剂

我们都听过两只刺猬的故事：寒冷的冬天里，两只刺猬冻得瑟瑟发抖。如果它们抱在一起取暖，彼此会被身上的刺刺伤，如果他们离得远远的，将难耐寒冬的冷风。所以两只刺猬拉开了距离，又不太远，既不会刺伤自己，还能取暖。很多人在一起共事的时候，喜欢亲密无间，让对方觉得你是知己，你是朋友。等到时空拉开你们的距离，即便你的态度一如既往，对方也觉得你疏远了自己，自然心声怨怼。所以，学会亲密有间吧。

亲戚朋友别怠慢，关键时刻要靠他们来帮忙

读了一则让人捧腹的笑话，同你分享一下：一个小朋友问一位富翁："您为什么这么有钱?"富翁若有所思地说："我在你这么大的时候我父亲给了我一个苹果，我卖掉它后赚了两个苹果的钱。之后我用这些钱买了两个苹果，赚了四个苹果的钱……"小朋友一边掰着手指头计算收入一边点头："叔叔，我懂了。"没有想到富翁却笑了，说："你懂什么？我之所以这么有钱，是因为我父亲后来过世了，我继承了他的财产……"你看明白了吗？其实亲属是你最近的也是最可靠的人脉。我们现在看到比尔·盖茨在自己的专集中写到自己的第一单生意是同 IBM 合作，但是盖茨却掩饰了自己母亲是 IBM 董事的这件事。巴菲特轻描淡写地告诉你，他 8 岁的时候便去参观纽约股票交易所，但是他绝对闭口不提的是，那是他国会议员的父亲带着他去的，由高盛的董事盛情接待。或者我们的眼光往现在看，希拉克·克林顿之所以能出任国务卿，除了个人的魅力外，我想和她的总统丈夫不无关系。"望之不似人君"的小布什之所以能出任总统，想必也继承了老布什的人脉。

看到了没？亲戚，是你的人脉，而且是最稳固可靠亲近的一支。

一想到潘长江，就会想到"笑星""全才"以及"其貌不扬"的形容词，但是"其貌不扬"的潘长江却有一个如花似玉的女儿——潘阳。毕业于解放军艺术学院音乐系的潘阳执意要进演艺圈，父亲潘长江便开始保驾护航。先是带领自己的女儿在自导自演的《清凌凌的水蓝莹莹的天》中扮演"女儿"一角，随后潘阳的首张专辑《大道理》又隆重推出。到场的明星可谓星光璀璨，那英、毛宁、巩汉林等大牌明星纷纷捧场。而潘阳也同那英姐姐那辛的唱片公司隆重签约。潘阳刚刚踏足娱乐圈，父亲光环照耀，歌坛天后那英姐妹的扶持，日后想必星光灿烂。

其实在演艺圈凭借亲属人脉打开第一片天的人大有人在，李彧凭借李保田保驾护航，现在已经崭露头角；虎父无犬子，张国立之子张默也开始慢慢有了名气，郭冬临出身曲艺世家，父母同马季等人颇为交好；甚至葛优，最早的时候也是凭借着个葛存壮锋芒渐露……当然，并不是否定这些

人的能力，而是这些人凭借亲戚的人脉，起点比较高而已。

想不想知道如何同亲友维系关系，并将亲友的作用发挥到极致呢？

一视同仁，别冷落穷亲戚

“穷在闹市无人问，富在深山有远亲”，一句话道尽人情冷暖。现实中不乏此例，财大气粗者、位居高位者，就像是一碟蜜糖吸引蚂蚁一样吸引着自己的亲戚。而那些平凡的、贫穷的亲戚，往往被人忽视。很多人对富亲戚青眼相向，对穷亲戚白眼相加。这些人真是鼠目寸光，需知人生变化莫测，三十年河东三十年河西，待到风水轮流转时，穷亲戚家从门可罗雀到门庭若市，若是刻薄点的穷亲戚大概也会学习苏秦，调侃地问一句：“何故前倨而后恭？”不知道趋炎附势的亲戚们，有没有苏秦嫂子的厚脸皮答一声：“因你多金。”给你这样的忠告，对于任何亲人，都要平等对待，一视同仁，既不骄傲于人，也不要攀龙附凤。

适可而止，不做人脉吸血鬼

人脉是瓮中水，倘使你烧饭用它，煮菜用它，洗涮用它……瓮里的水早晚要枯竭。我们经常看到这样的情况：有人不务正业，如同“放羊的小孩”一样整日罗织各式各样的借口向亲戚朋友骗钱，等到周围的亲戚都骗得差不多了，真的等到用钱的时候，发现亲戚朋友们“不念骨肉之情”将他拒之门外。其实路都是自己走的，之所以将自己走到“绝路”上去，完全在于自己的贪婪。我再度重申，人脉的作用等同于桥梁，它使你通向了成功。但是人脉并不等同成功，如果你认为你亲戚朋友多便有了依仗，对他们提出各种要求，那么亲戚朋友最终将还你以冰冷和距离。

多联系，勤走动，不要临时抱佛脚

在美国，如果做随机抽样调查，那么巴菲特的声望要比索罗斯高，为什么呢？因为巴菲特擅长的是投资而不是投机！在中国，投机是为人所不齿的，可是，在同亲戚的人际关系中，偏偏就有投机者。有个年轻人，今年 23 岁，知道了公司某高层竟然是自己远房表哥，便拎着礼物，去十多年没走动的表姑妈家套近乎，表姑妈、表哥都认下了，在“是亲三分向”的强大影响下，表哥在公司对他关照有加。可是后来年轻人跳槽了，自以为从此天高海阔，将表姑妈、表哥全部抛到了脑后。生活总像是欧·亨利的小说，偏偏在年轻人混得风生水起的时候，表哥也跳槽了，恰好变成了他的顶头上司。年轻人还想故技重施，可是看着表哥冷得就像是冰山一样的脸，也只好作罢了。看，年轻人对于人脉的投机，让他的人脉彻底断了。亲戚之间，不要有了事情才想到别人，而是平日里就要多联系，勤走动，再说临时抱佛脚的作用也不大。

优化行为，别人没义务"惯"着你

"我不是天桥上算命的，唠不出那么多你喜欢的嗑"，这句网络俚语现在发展成为："我不是你妈，没必要惯着你。"即便是父母，也不可能对我们予舍予求，何况是亲戚呢？按照血缘关系的远近，亲戚们也有了亲疏之分，如果你在所有的亲戚面前都很自我，那你的麻烦便大了去了。有年轻人去亲戚家做客，一做客便是一年半载，亲戚们便有些不悦。现在的生活，各自有各自的习惯，生活在一起的时间长了，马勺和锅沿便碰在一起了。这个年轻人喜欢睡懒觉，常常睡到太阳升起才起床，而亲戚上的是早班，天天还要给他额外准备一份早点，日子久了，不堪其累。这件事告诉我们，同亲戚交往的时候要时刻注意优化自己的行为方式，不要为所欲为。还是那句话："我不是你妈，没必要惯着你。"

利用老关系结识新朋友，简单又省力

2009 年曾经有一则新闻让人震惊，上海市某在建商品房发生了倒塌事件。倒塌的楼房几乎是连根整体倒下，甚至在事故现场就能看到楼房的楼顶和地基。经过调查才发现，为了节省成本，建筑方又在楼盘下方开挖地下车库可能是事故发生的主要原因。地下建车库，本来无可厚非，但是伤害了楼盘的地基，所以大楼轰然倒塌。

中国有句老话："合抱之木，生于毫末；九层之台，起于垒土；千里之行，始于足下。"基础是非常重要的东西，毕竟谁也没有在现实生活中看见"空中楼阁"。可是在人脉中，有人却结识新朋友，忘记老朋友，罔顾自己的人脉基础。

诗经云："茕茕白兔，东奔西顾。衣不如新，人不如故。"在人际关系中，你会有机会不断结识朋友，可是如果你抛开旧朋友全然地去打点老朋友，如是的喜新厌旧，就怕有一天也会遭到别人的抛弃。

新朋友，老朋友，都是朋友

“结新知，不如敦旧好。”老朋友自然是好的，若是通过老朋友结识新朋友，便是好上加好了。这个时候老朋友等同于中介，将你和新朋友这两个陌生人联系在一起。以房产中介为例，他们将租房者和房东联系在一起，但是交易没有达成前，是杜绝你同房东单线联系的。朋友也是一样，如果你刚刚通过老友结交了新朋友，便撇开他单独与他朋友交往，太显功利。老朋友会心生嫌隙，新朋友满腹狐疑，到最后，你可能“猪八戒照镜子——里外不是人”。

新朋友邀约，带来老朋友

和通过老朋友认识的新朋友的相处阶段，我们可以分为三步：初级阶段，熟悉。中级阶段，理解。终级阶段，朋友。在初级阶段中，如果新朋友对你提出邀请，你要征询老朋友的意见，哪怕是知会对方一声，也不能不声不响。你要知道，你的老朋友和你的新朋友之间是老朋友关系，他们之间交往比你要长久，彼此熟悉度更高。如果你不知会老朋友一声，便同新朋友进入朋友阶段，惹得老朋友不快，那对你没好处。更何况，就算你同新朋友一见如故，但是因为彼此之间不熟悉，相见恨晚的情绪表达完了，便剩下相顾无言的尴尬和沉默了。所以，当新朋友邀约的时候，带上老朋友，让老朋友充当纽带和润滑剂，是多么好的一件事情。

巩固关系，培养感情

大家都知道狗熊掰棒子的故事：看见玉米掰玉米，掰一个扔一个，最后黑瞎子手中依然一无所有。很多抛弃老朋友、去专心结交新朋友的人，就像是一头蠢笨而呆板的黑瞎子。现在的人，可不是没有思想、没有意识的“玉米”“大豆”，而是具有见微知著种种本事的“计算器”，你的一言一行他们全部记录在案，并将其变成评价你的依据。如果你有了“前科”，那么对方同你的交流肯定小心翼翼。

换位思考，旧友难抛

“酒是陈的香，人是老的好”，结交多年的好朋友，彼此之间的感情亲切深厚，彼此之间的默契是不言而喻的。一个眼神，一个动作，便知道对方想要表达的意思。就连小心眼的皇帝朱元璋，还曾经亲自给自己种田时代的老朋友田兴写信：“皇帝是皇帝，朱元璋是朱元璋，我不会因为做了皇帝就不要老朋友的。”可是现在的人，却忘记老朋友的好处，这山望着那山高，有了新朋友忘记老朋友。换位思考一下，你的朋友因为有了新朋友而抛弃你，你的感觉如何呢？

“路遥知马力，日久见人心。”当老朋友给你介绍了新朋友，老朋友立刻被你当成用过的卫生纸一样扔进垃圾桶，那么老朋友会对你心生怨怼，新朋友会对你心生提放。没事的时候多唱唱《永远是朋友》吧：“千金难买是朋友，朋友多了路好走……多少新朋友，变成老朋友……”

建立简易人力信息库，方便随时查阅

荀子说：不积跬步，无以至千里；不积微土，无以成高山，不积小流，无以成江海。这句话是说想成就大事者，首先要积累大量的经验和知识。可以说，经验之重，重于泰山，是放之四海皆准，推行百世不悖的经验之谈。每个人在工作生活中，都有一座自己的人脉数据库，同人交往的时候很容易在经验中找到答案。

曾国藩是个做关系的高手。他曾经说：“人生在世，个人不可成事也。欲成大事，须营运关系，借他人之力以成自己之事。”翻译过来的意思是：“人这一辈子，单打独斗成不了大事。想要成大事，就要学会构建自己的关系网，借别人之力来成全自己。”曾国藩便是在此番言论指导下，最终成就了自己——历任两江总督、直隶总督，在清廷十余个部门任职，前后担任钦差大臣。曾国藩之所以成长为封疆大吏，同他的人脉库不无关系，现在让我们盘点下曾国藩的人脉库中的内容。首先是老师，以道光二十一（1841年）年为例，这一年是曾国藩在京城度过的第一个传统春节。从大年初一到大年初四，曾国藩每天马不停蹄地拜年。先拜的就是老师，曾国藩是“状元秀”，他的老师不仅是朝廷大员，而且学问上颇具建树。这是曾国藩人脉库的重要基石。其次是同乡。虽然在曾国藩时代，湖南已经独立成省。但是在明朝的时候，湖南隶属湖广省。所以曾国藩的人脉库中不仅包括湖南籍的官员，还包括湖北省的人。最后是同学。按《曾国藩日记》载，这又包括甲午乡试同年及戊戌会试同年两部分人。道光十四

(1834 年）年，曾国藩中举。戊戌是道光十八（1838 年）年，这一年曾国藩正式跻身士林，成为曾门的第一个进士。这也是曾国藩走向社会的关系基础。正是这样的人脉库，让曾国藩在官场上左右逢源，无往不利。

想不想学习曾国藩建立起一座属于你的人脉库？那就赶紧行动起来吧。

跑马圈地，拓展拓展再拓展

美国媒体曾经采访一位销售界的传奇人物，他是美国销售界的王者，不仅空前而且绝后。他演讲的时候，能抢掉当时美国总统布什的风头，他是如何扩展自己的人脉库的呢？他这样回答："如果你想赚取更可能多的钱，那么你就要去接触尽可能多的人，不断丰富和完善自己的人脉资源。"对于年轻的我们而言，认识的人少，是人脉不兴的大问题。我们只有跑马圈地，将我们的人脉圈拓展拓展再拓展。

诚实守信，建立自己的招牌

巴菲特说："不等到潮水退去，你将不知道谁在裸泳。"这次诚信的潮水退得有点"快"，味千拉面还没来得及穿上泳裤，便将"羞处"呈现给了我们。深陷"骨汤门"的味千拉面市值缩水，招牌大打折扣。不光企业有品牌，人也是有品牌的。好的品牌，能帮你一顺百顺；坏的品牌，能让人腹背受敌。就像是摩根大通的台湾地区负责人表示："建立一个让人信任的形象，是让人脉竞争力可以产生正向循环的关键。如果一个人讲的话每次都要打七八折，那么他认识的人越多，带来的负面效应就越多。"

自我提升，告诉别人你有价值

不怕被利用，就怕你没用。这句话告诉我们，别人利用你证明你有利用的价值。打个比方，你拥有一只绵羊，你便可以带着这只绵羊去换斧头，去换布匹，去换贝壳……但是如果你一无所有，你就什么也换不到。同理，你有价值，你可以同别人做等量交换，如果你没有价值，别人凭什么要帮你这摊扶不上墙的烂泥？

分享利益，舍小而博大

一个快乐，经过分享，变成了两个快乐；一个痛苦，经过分享，变成了半个痛苦。在社会中，懂得分享的人往往可以成功，而不懂得分享的人，往往陷入被动。在2010年9月28日，国美电器的控股权之争曾经沸沸扬扬，最终创始股东黄光裕并没有取得压倒性的胜利，问题的关键在于他不懂得分享，没有落实期权激励，导致大量的高层都离开了他。而当时的国美掌舵者陈晓，很早便将期权激励落在实处，使很多高层都表示同陈晓共进退。

人脉管理，小小机会别放过

有一个关于李嘉诚的故事：李嘉诚驱车去飞机场，下车时滑落一枚2元硬币，硬币滚到车底。当时他估计若汽车开动，硬币便会掉到坑渠里。李嘉诚及时蹲下身欲拾取。此时旁边一名印度籍值班见到，立即代他拾起。李嘉诚收回这枚硬币后，竟给他100元酬谢。很多时候，人脉如同这2元的硬币，你以为它微不足道，但是它的用处很多。我们结交人脉的过程并不是多么的刻意，而是在很多细节的交往中体现出。

赠人玫瑰，帮助别人回馈多

有的时候，人际关系就像是一面镜子，你以什么形象出现，便能收获什么形象。帮助别人，能让别人感激你，乐意与你交朋友。主动去帮助别人，别人也会帮助你，相当于你帮助了你自己。

第七章　勤出手，抓机会，把自己变成无孔不入的八爪鱼

现在，越来越多的人明晓人脉的重要性，越来越多的人开始注重人脉的培养。但是人脉也是资源，当某些人拥有得多了的时候，相比较而言，另外一些人拥有的就少了。所以我们必须将自己变成无孔不入的八爪鱼，你要参加各种聚会，帮助自己创造更多的机会；你要学会厚脸皮，将同自己有一面之缘的人变成自己的贵人；你要通过自己朋友这个媒介，将朋友的朋友变成朋友……古语有云："先下手为强"，让我们马上行动吧。

有目的地参加各种聚会，为自己创造更多机会

聚会，可是联络友情的主要场合，可以架起人际关系的桥梁，展示自己的舞台，是拓展自己人脉圈的最好时机……现在的社会并非一个封闭的社会，我们需要认识别人，也需要别人认识我们。而聚会给予我们这些初出茅庐的人以最好的平台。

随着如今的发展，聚会也变得多种多样。如果你是驴友，那么参加驴友的聚会，没准其中便有你们行业的 HR；如果你喜欢美食，不妨参加美食家们的聚会，既能大快朵颐，还能认识更多的人，何乐而不为？假如你是摄影爱好者，便去参加单反者的聚会，志同道合的你们在一起说说笑笑，自然而然便成了朋友；公司的聚会，能让你找到一个展示自己的大舞台；同事的聚会，能让你们在瞬间拉近关系；同客户的聚会，能让你们更加的熟悉，为以后的关系打下基础……如果你不参加聚会，你会发现你少了很多机会。

25岁的恺会是货真价实的宅女，虽然她毕业于名牌大学，英语也早早过了专业八级的水平，但是恺会现在的薪资水平同公司中的本科生没有什么区别。因为恺会不擅长打理人际关系，平日里沉默寡言就算了，对公司的一切聚会都敬而远之。恺会认为只有“花蝴蝶”才热衷于参与这些聚会，而且就算她参加这些聚会了，她也只能做壁画，因为她实在不知道要同别人说什么。久而久之，恺会渐渐地脱离了大家的视线，毕竟一个同集体活动严重脱节的人，想被大家记住也不容易。在公司中，她也越来越孤立，朋友越来越少，每天都只是家和公司两点一线。工作两年了，甚至连男朋友也没有！

恺会的问题便出现在忽视了聚会的用处，要知道聚会的作用十分巨大。朋友间、同事间甚至陌生人之间的聚会，是拓展人脉空间的法宝。

公司聚会、朋友之间的聚会便罢了，若是陌生人组合在一起的聚会，该如何消弭尴尬，打开话题，建立友谊呢？

找寻机会参加聚会

前文已经说过，聚会实际上是一个聚集人气、拓展人脉的重要舞台，很有参加的必要。也许，你的参与未见得能给你带来人脉，但是如果你不参与，你肯定找不到你的人脉。现在守株待兔的人太多了，但是哪里有这么多傻到自己撞树的兔子让你赶上呢？所以你只能主动出击，找寻机会参加聚会。

为对方着想

很多人都开始困惑，为什么自己经常和别人见面，每个聚会都不迟到缺席，为什么自己的人脉之树，就是不会开花结果呢？其实吃饭喝酒聚会并不是关键，关键之处在于你同别人交流的心是否真诚。抱着利己思想的人，建立人际关系都存在着功利性，觉得对方会对自己有用，才会同他人交往。在话题中，自然三句话不离自己，让人生厌。要知道，你想吃到苹果，必须先撒种子，而后捉虫、拔草、浇水，等到苹果树长大后才能吃到果实。而不是刚刚撒下种子便急匆匆地要吃苹果。

态度谦和有礼

纵观我经历的大大小小的聚会，聚会上的人分为三种。第一种，喧宾夺主，一副我的地盘听我的的样子；第二种，沉默寡言，一副阳春白雪的样子；第三种，温和谦逊，让人感觉很舒服。第一种人，让人感觉其飞扬跋扈，哗众取宠。所以这类人不大能在聚会中打开局面；第二种人曲高和寡，谁愿意拿自己的热脸蛋贴别人的冷屁股；第三种人最容易打开别人的心扉。我们在聚会的时候，要学会热情而不张扬，含蓄而不内敛，真诚而不唐突，自信而不喧哗，达观而不盲目，总体上给人以安全舒适的感觉，最为契合。

给人留下好印象

让人知道你的名字并不难，让人记住你这个人便是困难重重了。想让人通过一次两次的聚会记住你这个人，你需要给人留下非常深刻的印象，这是很艰难的。想要做到这点，你必须在聚会伙伴面前，保持优雅的风度，幽默的谈吐能力，让你的个人魅力折服对方。不要夸夸其谈，这样你的朋友会被你吓走的。

走长线

聚会结束以后，不要等到下一次聚会时才想起这些朋友，要经常与朋友们联系。不要等到有求于人的时候才四处翻找朋友的电话，不要等到每一次打电话都得先介绍自己是谁的地步才知道朋友的可贵。人是感情动物，在一次又一次不经意的交谈中，这种感情会慢慢得到升华。

饭桌也能成为你积聚人力的“阵地”

烟和酒，是打开世俗大门的两把钥匙。尤其是酒，中国的酒文化源远流长。曹操曾经在他的《短歌行》中写道：“慨当以慷，忧思难忘。何以解忧，唯有杜康。”也就是说，早在魏晋时期，酒的文化地位就已经相当高了。李白也不甘示弱，“天若不爱酒，酒星不在天。地若不爱酒，地应无酒泉。天地既爱酒，爱酒不愧天。已闻清比圣，复道浊如贤。圣贤既已饮，何必求神仙。三杯通大道，一斗合自然。但得酒中趣，勿为醒者传。”欧阳修“醉翁之意不在酒”更是人尽皆知，于是壶里乾坤大，醉中日月长。

大概正是因为酒文化源远流长，因此我们从来不将酒席看成一种俗鄙，而是当成一种文化，一种交流的契机，一种感情的承载来看待的。在酒桌上，我们可以私交，可以神交，可以社交……很多话语不便出口，借助酒精的发酵，便能顺势而出且吐气如兰。美酒倒进白瓷杯，酒到面前你莫推。酒虽不好人情酿，你我朋友共一杯，这么强大的作用，谁能拒绝呢？

刚完成一个大单，领导心情大好，叫上所有部下浩浩荡荡地奔到了海鲜城，鸡鸭鱼肉干下去，螃蟹贝壳端上来，大家吃得尽兴喝得尽兴。项目部副经理赵冉平日里温和低调，但是三杯酒落肚，就像是换了一个人一样妙语连珠，大家围绕在他左右哈哈大笑。而设计部的副经理萧让虽然不能喝酒，但是拒酒词却是十分的地道。赵冉刚才用“只要感情好，能喝多少是多少”来“逼宫”，萧让笑着说：“九百九十九朵玫瑰，也不能成全一段爱情，爱情不够，玫瑰来凑，我们的感情这么好，就不用酒水来凑数了。”别人强力劝酒，萧让笑容满面地反问：“我们为什么喝酒？”对方豪气万千地说：“因为我们有感情啊！”萧让立刻反戈一击：“只要感情有，喝什么都是酒！”两人欢天喜地地用饮料当酒喝。整个宴会，萧让都没有喝太多酒，却让劝酒的人个个高兴。

虽然说，酒桌也能变成我们积聚人力的‘阵地”，但是在酒桌上积聚人脉，稍有不慎便会误入歧途，现在我以一个过来人的身份给你指出一条明路吧。

锻炼好酒品

“白日放歌须纵酒，青春作伴好还乡”，用这句诗来形容一个人的酒品，豪放不羁的形象便跃然纸上；“醉卧沙场君莫笑，古来征战几人回”，若是用这句诗词来形容一个人的酒品，必然是用酒杯盛满了家国事的热血男儿。酒品即人品，也算是一句老话，有些仁人君子，在酒场上原形毕露；有些文弱书生，在酒场上也能显现出杀伐之气，为什么会这样呢？因为酒精激发了人的潜意识，平素里那些藏着掖着的秘不可宣的念头，全在酒精的发酵下喷涌而出。所以在酒桌上，一定要让自己保持良好的酒品。

锻炼好言语

在酒桌上，言辞务必要诚恳，不要吝惜煽情的话语，因为经过酒精的发酵，煽情的话语更能打动人心。以目前的经济状况，很少有人是为了吃饭而吃饭的，也就是说，宴席的更大作用在于联络感情，沟通交流的，所以在酒桌上不要埋头喝酒，更要同大家有个很好的交流，交流得好，足可以冰释前嫌，化敌为友。交流不好，可能产生误会，横生枝节。所以在选择语言方面一定多加注意。要在这里告诉大家一个秘诀，最好的言语并不是诙谐幽默，而是自嘲，你可以在酒桌上自我调侃，自我嘲笑，自我打击，这种方式，不仅展示了你的才华、常识、修养以及交际风度，而且让人对你的警戒心一下子降低为零。

锻炼好察颜观色

在现在的酒桌上，99％的人都是人精，而剩下的1％则是已经得道成仙了。所以，千万不要在宴会上还念念不忘自己的那点蝇头小利，而是要察颜观色，让大家吃饱吃好。关于这点，有个三部曲：事先做好准备功课，知道对方喜欢吃什么不喜欢吃什么，偏好的是鲁菜还是川菜，有什么忌口。吃饭中，看见客户食欲不振，赶紧要服务员端上开胃的汤，看见对方拼命塞辣椒，也要委婉地提醒下，“小心上火”，让人在吃饭中感受到你真是一个贴心的人。

礼貌之心不可少

“礼”是中华民族的传统美德，但是并不是说你客客气气地同人说话便是有礼貌的表现了。“礼”是“仁”的派生物，内心只有有了真正的爱人之心，识人之智，自知之明，体谅之心，才能表现出真正的礼貌。正是有了“礼”，你才会对各种身份地位的人都有一分尊敬和体谅，才能真正让你散发出由里及外的涵养。千万不要因为三杯黄汤入肚，便放浪形骸，忘记了礼貌。记住，无论你是酒过三巡，还是菜过五味，对待别人都要有礼貌。

把一面之缘的人纳入自己的人脉圈

“我在佛前跪拜了五百年，才换得你今生一次回眸”，每天我们擦肩而过那么多人，该是怎样的缘分？都市中人对这种缘分看得很淡薄，所以畅销漫画《向左走，向右走》才会有这样的描述：“都市里的大多数人，一辈子也不会认识，却一直生活在一起。”

也许，地铁上的一次微笑能帮你找到一位朋友；也许，电梯中的一声寒暄能帮你找到职业生涯的贵人，也许，餐桌上的一次分享能帮你找到恋人……千万不要不相信神奇的“也许”，因为它实实在在地发生着。便应了那句话：“无心插柳柳成荫”——你无意中插下的一根细柳，来年便能长成一棵婀娜的柳树。

遗憾的是，在中国“不要和陌生人说话”的传统思想作祟下，大家的圈子都变成了压缩饼干，“水分”少得可怜。我们的人脉也固定成为“在家靠父母，出外靠朋友”，“陌生人”自然不在我们“人脉”的范畴之中。只是我们都忘记了，凡事都有个最初，最初，我们的朋友也是陌生人。

周星驰，是80后记忆中一道永不退色的风景。时至如今，大家还对周星驰的一些经典记忆犹新：“一乡二里共三夫子不识四书五经六艺竟敢教七八九子十分大胆，十室九贫凑得八两七钱六分五毫四厘尚且三心二意一等下流。”“我对你的敬仰真是如滔滔江水，连绵不绝，又有如黄河泛滥一发不可收拾”……可是这位“喜剧之王”的成名十分坎坷，从《射雕英雄传》中的宋兵甲开始的星路，并非一开始就是康庄大道。他做过编剧，做过主持，做过剧务，仍然籍籍无名。但是，“瓦片尚有翻身时，男儿哪有一世穷？”1988年的时候，周星驰遇到了自己的“贵人”。那个时候的他没有固定工作，无所事事，整天泡DISCO。刚巧碰上了当时电影圈的大导演李修贤，就很礼貌地过去打招呼，李修贤觉得这个年轻人的修养很好，恰好自己要开拍一部新戏，还缺一个年轻角色，便问周星驰有没有兴趣。周星驰立刻答应下来。李修贤又问他想要多少片酬，周星驰豪爽地说：“只要是您的电影，我不用钱都要去。”李修贤便让周星驰试镜，周星驰成功地赢取了这个角色。这部电影便是《霹雳先锋》，周星驰也是凭借着这部电影获得了台湾金马奖的最佳男配角。

周星驰是匹千里马，若不是遇到了李修贤这位伯乐，恐怕也要辱没奴隶之手了。

墙角的那只梅花，孤芳自赏时，天地便小了；固步自封的人呐，不拓展你的人际圈，空间便窄了。如果你将你的人际关系固定在亲戚朋友熟人上，你会发现你的交际圈越来越窄，甚至让你生出“金鳞被困池中物，难遇飘渺不成龙”的感慨来。谁让你不将同自己有一面之缘的人纳入自己的人脉圈中的呢？不及时补给自己人脉以新鲜血液，难免会出现人脉陈旧的问题。怎样让自己的人脉“永葆青春”？

不要错过有缘人

十年修得同船渡，百年修得共枕眠。道尽了人与人之间缘分的难修！偏偏有人错过这种缘分，真是浪费冥冥造物的好意了。现在的人，愿意给自己垒一道围墙，将自己同别人分离，外面的人进不去，里面的人出不来。其实这样，对于自己对于外人，都是一种煎熬。我们经常看到的情况是，公交车上相对的位置上的两个人大眼瞪小眼，却相对无言。为什么不主动出击呢？跟他微笑一下，然后说：“嗨，又堵车了”，也许只要你开口，便能换取友谊、爱情、机会。即便什么也换取不了，改变一下你的心情也是好的。

寻找话题

很多人下意识地排斥同陌生人说话的原因在于，他不知道该说些什么。问一句“你吃了吗?”又老土又莫名其妙，问一句：“你是做什么工作的?”又突兀又不知所云。于是大家干脆闭嘴，什么也不说，省得将自己陷入尴尬的境地。说实话，寻找话题的确是不容易的，但并不意味没有。当你们遭遇堵车时，你可以说：“又堵车了——”一定能换来对方的共鸣；当你们在等车的时候，你可以抱怨：“车又晚点了——”一定能换来对方的赞同；当你们在洗车的时候，你可以发牢骚：“油价又涨了——”一定能换来对方的点头……说白了，你必须找到你同陌生人之间的共同点。这样找寻的话题，对方才会感兴趣，才会产生共鸣。如何找寻共同点，就要靠你的细心观察了。同样的场合，同样的衣着，同样的环境，同样的处境……只要你愿意，你总能找到的。

小空间，大关系

有没有这样的经历？你同一位陌生人在电梯中，楼层很高，电梯很慢，但是你们彼此沉默，空气中的气氛越来越僵。许多年轻的上班族将其视为一种煎熬，但是你不知道你错过了什么样的机会。在人际关系中，相对封闭的场所好过空旷的场所，他的注意力都会集中在你的身上，如果这个时候你说什么，或者做什么，留给对方的印象都会呈几何倍数的增长。曾经有位年轻人，满腹经纶，无奈上升无门。后来他便在老总上厕所的时候上厕所，以创造和上层接近的机会。最终，竟然真的得偿所愿。厕所、电梯、饭堂，只要你愿意，都可以成为你建立大关系的小空间。

寒暄看似多余，却能令你在人际交流中游刃有余

林语堂曾有一篇散文《冬至之晨杀人记》，里面戏谑地将中国人见面分为四段：（一）谈寒暄，评气候，（二）叙往事，追旧谊，（三）谈时事，发感慨，（四）所要奉托之“小事”。林语堂说道：“第一段的作用在于‘坐稳’，符于来则安之之义。”也就是说，要用寒暄天气或者人情让自己“位安”。

不过眼下的人，对寒暄的作用显然认识不足。他们认为寒暄是盲肠，是六指，是扁桃体，是人际关系中可以省略忽视的部分。他们更愿意像乔治·摩尔的《一个青年的自白》中那样做：在酒馆中遇到一个老友，拖过一把椅子坐在他对面，互相看着，叫一声名字后不再说话。如果你们是相交甚深的老朋友，这种交流方式真的挺带劲；遗憾的是，在人际关系中你可并非是跟自己的老朋友交往，所以你必须学会寒暄。因为寒暄是问候也是应酬，是自我推销和人际交往时同对方开始沟通和交流的最有效的缓冲方式。

人际交流中，首因效应在发挥作用。也就是说，如果你们是第一次交流，那么你此时的印象便会在对方头脑中形成，而后根深蒂固。对方凭借对你的第一印象对你做初级的判断，如果是好印象，那么你的魅力便提升了。如果是坏印象，那么对方肯定会建一道心理防火墙。所以必要的寒暄语是人际交往的第一个关键，大家要善于把握寒暄的时机，用口才为自己的生活和工作带来更大的成功。

虽然李总是小林的同门大师兄，但是关系不好不坏。小林一直想跟李总套关系，可惜一直没机会。这天公司组织爬山活动，李总意气风发地爬在最前面，小林紧跟其后。山上花草繁多，李总一不小心被蒺藜绊了一下，差点滑倒。李总有点不高兴，小林趁机说：“这种植物叫蒺藜，吉吉利利迫不及待地想认识李总啊。”李总眉开眼笑，问小林怎么认识这种植

物的，小林说，我毕业于×大学，课余时间曾经选修过植物学。李总挺吃惊，呀，原来你是我的师弟，我怎么一直不知道。爬一次山，两人的感情迅速亲挚。

小林同李总说话中便将寒暄用得恰到好处，不动声色地同李总攀到了关系，当然这同小林本身反应敏捷迅速也不无关系。

如何让自己的寒暄既发挥威力，又不落窠臼呢?

问候型寒暄，与时俱进

“你好”、“早上好”、“新年好”，就像是被群发的短信一样，没有丝毫的心意和新意。说者敷衍了事，听者如同嚼蜡。其实问候型寒暄若是与时俱进、量体裁衣，威力亦是不容小觑。遇见老师，问一声：“×老师，今天有课吗?”遇见同事，问一声：“嗨，买的新车真棒!”将问候型寒暄，同对方的身份以及对方目前的情况联系起来，那么问候型寒暄可以轻易地密切关系，增进友谊。

气候型寒暄，添加新意

我们过去经常选用的寒暄是：“吃了吗?”甚至发生过，在公共厕所也选用这句话的笑话。后来国人积极同国际接轨，碰上了也学英国的绅士，不咸不淡地说一句：“今天天气不错，风和日丽的”来作为寒暄语，可是形容天气的词语无非就是“阴晴、大风、多云、小雨”，翻来覆去地用，难免让人产生“词穷”的感觉，所以气候型的寒暄需要增加新意。所谓的新意，便是将气候型的寒暄同个人感受紧密结合起来。我们举一个比较直观的例子：“今天天气真冷。”这是常规的寒暄，“今天天气真冷，你得多穿点”便是稍微有新意的寒暄，“今天天气真冷，你真聪明，穿得厚实!”便是有新意的寒暄了。

邂逅型寒暄，联系环境

当你同熟人不期而遇的时候，只好联系环境来寒暄，如是寒暄，最能打开话匣子。如果你们在电影院附近相遇，可以说：“最近看过什么电影，分享一下。”如果你们在服装店附近相遇，可以说：“你搭配的衣服越来越有品位。”如果你们在地铁相遇，可以说：“坐地铁的人越来越多了。”林林总总，不一而足。联系环境的寒暄可以成为你们进一步交流的基础。

夸赞式寒暄，在真实基础上略有发挥

心理学家根据人的天性曾做过如下论断：能够使人们在平和的精神状态中度过幸福人生的最简单的法则，就是给人以赞美，于是夸赞式的寒暄应运而生。这类寒暄类似鸡精，只需用一点便能让你的人际关系顿时鲜美起来。不过鸡精的坏处是，如果多用，会将你的人际关系破坏得惨不忍睹。比如说你 180 斤的女同事，穿了一件连衣裙，你寒暄的时候说："这件连衣裙可真漂亮，最配你了。"也许对方会认为她穿上显胖，甚至会认为你在讽刺她。所以，夸赞式的寒暄，是在真实基础上略有发挥，千万不要信口开河，胡说八道一番。

敬慕型寒暄，真诚得体

看武侠片中经常看到这样的场景："久仰久仰""哪里哪里"，其实说的跟听的都是心不在焉的样子，心知肚明这就跟"你好"一样，不过是形式上的套话。对于初次见面者，敬慕型寒暄无疑是最好的开场方式，可是让人产生套话的感觉，便会浪费这个开场的机会。真诚得体的敬慕型寒暄会让你的印象分蹭蹭地往上窜。初次见面的时候，将"如雷贯耳""三生有幸""今日得见"这类"假大空"的形容词都略去吧。

要结识他，先结识他的朋友

年轻人在追求女孩子时，往往会采取一种包围战术。容我在这里介绍一下这种包围战术，先认识所喜欢的人的朋友、同学、舍友，而后请这些人吃饭、唱歌、游玩，并巧妙地将自己的心意告诉这些人，让这些被糖衣炮弹打到的人开始去心仪对象面前转述，并反复强调自己的好。年轻人如果动用这样的追求手段，80％能玉成好事，得偿心愿。

我困惑的是，为什么大家在追求心上人的时候会无师自通地学会这种手段，但是在人际关系上却迟迟不肯使用这一招呢？说实话，我觉得都浪费了年轻人的天赋异禀。大家想要认识什么人，他的朋友往往是最好的桥梁。打个比方说，你想看布雷德·皮特，并和他共进晚餐。可是天王高高在上，你该如何完成你的心愿呢。你找到你出国的朋友，也许他恰好认识一位好莱坞的龙套，而这位龙套，刚巧同布雷德·皮特的经纪人的小学同学是表兄弟，表兄弟恰好又同布雷德·皮特的经纪人是好朋友。通过这些关系，你顺利地结识布雷德·皮特的经纪人，在经纪人的安排下，同天王共进晚餐将不再是梦想。

朋友的朋友，也是朋友。就像是你要达到A地，便要经过B地一样。在人际交往中，大家之所以能织成一张人际关系网，必然要借助经纬线的交织。如果经纬线都已经固定好了，只差你把他们编织起来，那能省却很多力气。所以结识这个人，先结识他的朋友，算是一条省力气的捷径。

告别独行侠，将朋友的朋友变为朋友

回首我们在社会打拼的日子，可以得到一个中肯的结论——还是小学好混啊！只要你温习了功课，便能拿到100分，可是人生并不是这么简单。很多时候，你单打独斗地温书，辛辛苦苦争取的个人成绩不如别人"团队成绩"的一个零头。人在社会，必然要懂得，"人多就是力量"这句箴言。挥挥手，告别独行侠的日子，去结识朋友，去认识他的朋友。慢慢的，你会发现，你的人际关系大网，不仅涵盖范围广，而且稳定牢固。不管你想网什么样的"大鱼"，都是轻而易举的事情。

赞美话，通过朋友直达心坎

如果你对经理说："经理您真是又有气度，又有学识。"经理肯定会微微一笑，心道："这小子的马屁拍的真赤裸，一点技术含量都没有。"如果你对经理的好友说："我们经理那气度，那学识，没说的。"经理知道后肯定很高兴："这小子，有眼光，有智慧。"同样的话语为何产生截然不同的效果？从心理学角度而言，我们的大脑有一层"防护罩"，它会自发地过滤掉一些被认为"虚假"和"不怀好意"的信息，随着关系的亲疏，"防护罩"发挥作用的程度也不同。他朋友转述赞美时，"防护罩"基本处于不工作的状态，所以这些赞美将顺利地到达他的大脑中。你同对方朋友相处时，要尽可能地多利用这点，让你的赞美顺利地进入对方的心坎中去。

打好基础，再图发展

想认识对方，先认识对方的朋友。从理论上讲，没有一点错误。但是在实际操纵中，却是纰漏百出。如果你认识对方朋友时，给对方以不好的印象，那么"未见其人，先闻其声"，你的名头，在你同对方建立友谊之前已经坏掉了。有个年轻人喜欢一位姑娘，便想走曲线路线，先跟对方的好朋友打好关系，路数没错，操作却出现了问题。因为在跟对方好朋友交流的过程中，小伙子经常性讲一些黄笑话，结果对方好朋友反馈回这样一个信息——不正经，年轻人不战而败，想想都觉得冤枉。通过“中介”结识别人，你需要付出一定的“中介费”，可能是金钱，可能是精力，可能是诚心……

桥有好坏，千万选对路

“男怕入错行，女怕嫁错郎”发展到现在，恐怕我们有必要加一句：“人怕找错中间人”。朋友，就像是饺子，看上去一模一样，但是肚中各有乾坤。从距离上看，朋友有亲疏远近之分；从类型上看，有狐朋狗友，有酒肉朋友，有患难之交。想结识对方，必须找到对方真正的朋友，而不是关系泛泛，或者貌合神离的朋友。有个年轻人，想要结识一个公司的经理。他想曲径通幽，先找到对方经常聚会的几个朋友，而后由这些朋友们引荐到公司经理面前。没有想到公司经理对他并不买账，后来他才知道，公司经理经常和那几个“朋友”相聚，是因为业务上的需要，对他们的人品和行事方式并不感冒。找不到好的中间人，便不找，也胜过找不好的中间人。

第八章 维护你与周围人的关系，增强个人凝聚力

纵观中国历史，可得到这样一个结论——打江山易，守江山难。将这句话套用到人脉中来，便是发展人脉易，维系人脉更难。但是天下事有难易乎，为之，则难者亦易矣。归根结底，维护你同周围人的关系，逃不脱孟子的那句话：“爱人者，人恒爱之；敬人者，人恒敬之。”所以，在维系人脉的时候带好你的“装备”——一颗真诚的心、一颗尊重的心、一颗宽容的心、一颗信任的心、一颗认同的心、一颗热情的心、一颗忠诚的心、一颗善良的心。有了这些“装备”，你会发现，你的人脉固若金汤。

学会认同他人，别人也会正视你的优点

身负三条人命的杀人犯逃亡山林，15 年的逃亡，杀人犯变成了一个野人。他在大山中如履平地，餐风饮露，后来他主动投案。并表示，投案对于自己而言是一种解脱，如果给他一次选择的机会，他绝对不会逃亡山林。

因为人是群居动物，心理学研究表明：对人最严厉的惩罚不是肉体的折磨，而是把人与世隔绝，让人没有归属感。“被认同”，是一种必要的心理需求。你奋斗为了什么？功成名就！功成名就为了什么？为了满足自己的理想，为了让人羡慕嫉妒恨……都可以浓缩为“被认同”三个字。

认同，是人的潜在心理需求，你渴望别人认同你，但是反过想一下，别人也渴望你的认同。如果你学会认同别人，别人也会正视你的优点，这样便达到了双赢。

红蔷开了一家小小的网店，正门卖纯棉的长大衣。因为红蔷的进货渠道便利，所以网店的衣服比市场上便宜，小店生意一直很红火。红蔷碰到

了一位难缠的顾客，以下是两人的聊天记录：

顾客：请问你们的衣服是纯棉的吗？

红蔷：是的。

顾客：衣服的样子看上去可真不好看，便宜一点我买两件。

红蔷：是啊，衣服的样子有些老气了，不过我们的顾客是面对中老年群体，一般这个年龄段的人喜欢稳重一点的款式。

顾客：就是，所以应该便宜点。

红蔷：不好意思啊，可能这个价格真的有点偏高，但是我们的衣服是百分之百的纯棉制品，成本比较高，没有办法便宜了。

顾客：那免邮费吧。

红蔷：可能运费有点高，因为衣服的质量挺好的，而且冬天的衣服都有些重量，所以不能免邮费。

顾客：那好吧，我买一件，下次有折扣的时候记得想着我。

红蔷：好的，谢谢啊。

从表面上看，这只是普通的不能再普通的讨价还价事件，但是最终挑剔的顾客同红蔷达成了交易。问题的关键在于，红蔷对顾客的态度是“认同”。

平时我们人际交流的时候，通常带有浓重的自我意识，总是想占上风，总是认为自己所坚持的就是真理，即使有时候知道自己是错的，但为了所谓的面子就一直跟人家抗衡。然而有时就是因为这种行为，使得本不复杂的问题会变得复杂，有时使得人与人之间的关系就会变得尴尬。只有认同别人才能获得别人的认同。

如何让自己的认同看上去诚恳呢？

进攻对方的心理薄弱点

心理学家证实：心理上的亲和，是别人接受你意见的开始，也是转变态度的开始。由此可知，要想在人际关系中“广结善缘”，就要学会找到对方的心理薄弱点，并对这种心理薄弱点进行“攻击”，让对方不得不对你的强大攻势进行叹服。如果你的人际关系对象的儿子在身边，你一定要夸奖他儿子学习好，是神童。让他觉得他的儿子被认同了！如果你的人际关系对象是一位高等知识分子，你便要认同他的学术著作。总而言之，要找到对方的心理薄弱点，而后下工夫的去“认同”。

投其所好

人际关系的关键，在于把握好对方的脾气爱好和欲望所需，揣其所思，投其所好，让对方感到自然愉悦，对方才肯睁眼瞧你，这时，你就达到目的了。所以在我们要说话投其所好前，要察颜观色，所谓察者，观也。一个人的喜好总会表现在他的行为以及言语上。我们观察到了对方的喜好，而后在投其所好，就能使我们的赞美或者认同有凭有据，不会让对方感到莫名其妙，不会让对方感觉我们油嘴滑舌，甚至是诡诈虚伪。

关系网多维护，紧急关头有用场

很多人将人际关系比喻成存款，“零存整取”能在关键时候派上大用场。而“平时不烧香”却妄图“临时抱佛脚”的人，充其量能达到“临阵磨枪，不快也光”的效果。可是你平日里不注重“零存”——感情的积累，长此以往无力支撑你的需要。

很多年轻人认为，人脉是一种交易，我用我的换你的，两不相欠。何必花那么多的心思搞马拉松式的情感投资？有那些时间还不如去玩游戏看电影呢！这种典型的鼠目寸光造就了很多年轻人人脉的匮乏，他们绝对没有听过“平时多烧香，急时有人帮”。人都是情感动物，自然人的行为也靠情感支撑，所以出现了“投我以木瓜，报之以琼瑶”的佳话。

艾米丽一直在北京从事化妆品销售工作，业绩表现非常出色。艾米丽的一位同学对她十分钦佩，告诉艾米丽如果跳槽到自己的公司，无论是福利还是薪酬都会再上一层楼。艾米丽按捺不住诱惑，果断跳槽，成为同学的同事。但是跳槽后的艾米丽发现一切只是“看上去”很美，同学口中的福利和薪酬都是空中楼阁，并且艾米丽渐渐发现，原来同学鼓动自己跳槽，目的不过是想要利用她的业绩和人脉，为自己在这个公司站稳脚跟找个帮手，其实不过是将她当成一个合适的垫脚石。“职场谁不利用人，职场谁不被人利用”，艾米丽深谙其道，继续打业务根基，风风火火开始着自己的事业之路。老同学从艾米丽身上“榨取”了尽可能多的资源后，便跟艾米丽渐渐疏远。后来老同学被一纸调令，调到上海分公司任职，无奈上海方面的工作环境不熟悉，业务根基不稳定，展开工作会困难重重。这个时候同学又想到了艾米丽，想让艾米丽再帮自己一次，这次艾米丽学乖了，找合适的借口推脱了。

年轻人认为，既然人脉建成便能固若金汤，这是多么幼稚而美好的奢望。即便是金子，也会氧化，即便是钻石，也可磨损。时间强大到能抹平任何事物的痕迹，区区人脉，不在话下。而我们必须在时光侵蚀我们人脉之前，将我们的人脉维护好。古语有云："积土成山，风雨兴焉；积水成渊，蛟龙生焉。"只有在平日中，通过不断的巩固和维护，那么我们的人脉网才能牢固。才能让我们的情感投资聚沙成塔。

用感情作为我们人脉的底色

日本麦当劳社社长，曾在《我是最会赚钱的人物》书中提到："我发现所有的投资中，只有感情投资我们花费得最少，回报得最多。"没错，只有用感情作为底色的人脉才最为牢固。我国的军事家、改革家吴起，在领兵打仗的时候做到了和士卒同衣同食。甚至士卒中有人长疮，吴起就用嘴为他吸脓，正是因为这样，吴起的士兵才成为"敢死队"，作战的时候一往无前，甚至以战死为荣。瞧，用感情作为人脉的纽带，所产生的爆发力是惊人的。

生病的机会别错过

病人是最脆弱的，而脆弱的人最容易受感动。我们这里所说的"生病"是广义上的生病，情绪不高，人生低谷均可纳入此例。王菲和赵薇的友情便是在"病中"建立的，当时赵薇因"军旗装"事件惴惴不安，王菲挺身而出，不仅进行开导，而且还将赵薇接到家中散心，时至今日，两人的友谊还是十分的坚固。所以，当别人"生病"的时候，准备好一箩筐的安慰和一大桶的柔情，将你们的感情更进一步吧。

祝福的机会别错过

在这个社会中，"雪中送炭"难，但"锦上添花"也不容易，要不然"羡慕嫉妒恨"怎会成为网络流行语？放眼我们的社会，落井下石者有之，自扫门前雪者有之，恨人有笑人无者同样有之。在这个刀光剑影的社会中，"祝福"也很奢侈。如果你能将别人弃若敝履的"祝福"运用得当，那么你们之间的关系必然升华。比如生日的时候，为他准备一张生日贺卡、一束鲜花，甚至一个小型的生日宴会，那么效果肯定非常好。

重视的机会别错过

谁不希望被重视？“士为知己者死”，看吧，大家想被重视的心愿多么的迫切。男人嘛，谁不希望别人重视自己，让自己与众不同。女人嘛，谁不希望自己众星捧月，成为全场的焦点。既然大家心中都存在这样的心理需求，那么不利用利用似乎有点可惜。可以给我们的人脉多一些异于常人的对待，稍多一点的好处，让对方觉得受到了特殊的重视，这样便让他格外的感激涕零。

雪中送炭的机会别错过

锦上添花总是比较容易，而雪中送炭总是格外艰难。正是因为它艰难，所以也是投资感情的必要手段。唐骏曾经职场论道，他说他在微软有一个女同事，在她遇到事业低谷时他没有远离她而是真诚地帮助她。这不是唐骏在赌她未来，而是一种发自内心朋友似的关怀。正因如此，在她重新被委以重任后，也给唐骏提供了很大的帮助，虽然唐骏没有刻意期待这些。这就是一种感情投资，这种投资是褒义的。

送礼是一门学问，学些技巧没坏处

中秋节前一天，交通分外拥堵。据说堵车的原因在于，大家都争先恐后地去送礼。很多年轻人一提到送礼，便露出深恶痛绝的模样。其实大可不必如此，孔夫子不比谁都清高？但是学生们送给他肉干，他也乐呵呵地收下了。并且放出话去：“想上学吗？想上学的话可以给我送一吊猪肉嘛！”“送礼”早已经成为中国的一种传统习俗了。它有十分悠久的历史，早在周朝的时候，外出访友拜客便要带着礼物，从现有的历史文献进行考证，这时候送的礼物十分固定：夏天是一把肉干，冬天是一只火鸟。送给地位高的人，礼品便要上一个档次，给大夫的礼物固定为大雁，给卿的礼物固定为羊羔。

到现在为止，送礼已经变成社交活动的一种重要手段。其实不光是在中国，在别的国家送礼也是被人们普遍肯定的一种社交活动。当然，也正是因为送礼的历史很长久，所以其所包含的内容也越来越丰富。单以送礼内容而言：送家贫者，宜选实惠；送富裕者，以精巧为佳；送亲戚朋友，礼品需要有足够的纪念意义；送老人长辈，需选保健；送幼儿孩子，需选启蒙新颖；送外宾，以特色为佳。将送礼目的、送礼对象、送礼时机等，都要论述一番的话，那么完全可以再写一系列的书。

从赵本山向马拉多纳赠送手写书法的照片我们能看出，赵本山是送礼的高手。从礼品选择看：手写书法送给马拉多纳非常合适。为什么呢？因为随着中国文化的大量输出，老外对中国的印象早已不是十多年前的所谓饺子、功夫之流了。中国文字成为很多对中华文化感兴趣的外国人研究和收藏的方向，美国著名篮球巨星奥尼尔满身的刺青中就有一个是汉字。从赵本山的书法内容上看："马到成功"四个字有双重含义，不仅包括了马拉多纳名字中的"马"字，而且"马到成功"本身就是一句非常好的恭贺词语。如果翻译将这句话讲给马拉多纳的话，他会十分开心的。从礼品设计上我们发现，赵本山的书法作品采用了横轴的方式，为什么这样呢？很简单，横轴书法能拉开展示，而立轴书法的展示效果不如横轴书法。对于以作秀为主业的娱乐圈而言，这是非常必要的。

送礼不难，但是将礼物送到别人心坎里，便十二分的艰难了。想知道如何用你的礼品打开别人内心的秘籍吗？

恰如其分

如果你生在国外，那么你将为每年准备圣诞礼物而头疼。因为挑选礼物稍微不当的话，完全可能引官司上身。如果你送一些带有淫秽色彩的礼物，那么你将收获性骚扰的法律诉讼；如果你送给同事染发剂，将有可能惹上官司；如果你送给女同事烹饪方面的书籍，会被认为是性别歧视……如此说来，在中国，送礼就相对简单得多了！只要做到"对症下药"就可以了。如果对方喜欢的是玉石，那么我们绝对不能送给对方水晶；如果对方喜欢的是健康生活，我们绝对不能送对方烟酒。送给谁？怎么送？需要你花点心思。从了解对方的喜好、到商场选购商品、包装礼物、选用礼品卡，每个环节都要做到尽善尽美。并可以根据个人的不同喜好为他们准备礼物，如果是音乐发烧友，就选绝版 CD，如果是汽车迷，便可以找一部汽车模型。无论你选取什么样的礼物，都要足够地用心。我这里有送礼秘诀——送富人，选文化（字画、手工艺品）；送亲朋，送实惠（衣服、小家电）；送同僚，选情趣（最好是将情趣和价值完美结合在一起，比如金镶玉、盆景、葡萄酒、水晶摆件）。

包装精美

楚国人卖珠宝，先用木兰做首饰盒，而后用香料进行熏染，并在首饰盒上镶嵌了珠子和宝玉，用翠鸟的羽毛将整个首饰盒装饰得非常美丽。结果顾客将首饰盒买走了，并退还了珍珠。这便是《买椟还珠》的故事，以此我们可以看出，中国的传统是喜欢包装的。如果你的礼品，用的是一张粗糙、随意的包装纸，那么很有可能使你的礼物价值大打折扣。所以最好是对礼品进行常规性的包装，如果在能力允许的情况下，我们自己进行别出心裁的设计，没准能收到更好的效果。

内容丰富

送礼的妙处在于，有的时候一块石头远比几张人民币更受欢迎。也就是说，如果你的礼品让人感受不到你的用心，那么礼品就没有完成自己的作用。因为礼品的最大作用，便是传递送礼者的心声。价值过于低廉的礼物让人感觉自己被轻视了，价值过于昂贵的礼物让人感觉惴惴不安。我们在送礼物的时候，就必让我们的礼品内容更加丰富。

卡片传情

“千里送鹅毛，礼轻人意重”，现在恐怕要改成“小小卡片传递真情”了。试想一下，当你酒足饭饱的时候，主人递过来一份礼物，还有一张小小的卡片，如此周到，如斯盛情，让寥寥几笔的卡片顿时成为承载你们友谊的最佳载体。现在的年轻人觉得卡片又老土又恶俗，好吧，如果对方收到的礼物很多，虽然你费尽心思准备的礼物讨了他的欢喜，但是他就是不知道是谁送的，你郁闷不郁闷？

帮人化解尴尬，好意会为你带来好运气

清朝有位文人，应邀出席宴会。宴会上提出要行“飞红令”——每个人说一句或者两句古人的诗词，中有“飞”“红”二字，其中一位盐商脱口而出：“柳絮飞来片片红”，大家都认为柳絮断然没有是红色的道理，纷

纷起哄让他喝酒，盐商满脸紫涨，无地自容。这个时候文人站起来圆场，说“柳絮飞来片片红”本是前人的诗词，全诗本来是“廿四桥边廿四风，凭栏犹忆旧江东。夕阳返照桃花渡，柳絮飞来片片红”。成功地为盐商化解了尴尬，圆了场面。盐商自然是十分感激，不仅赠送纹银千两，最后还将女儿许配给了他。

帮人化解尴尬，好意就会为你带来好运气，这是涉世者都有的体会。善于帮别人化解尴尬的人，可以获得别人的赏识和信任，提升自己的人缘和魅力。当你的上司处于尴尬局面的时候，两个朋友吵得面红耳赤的时候……都需要你来帮助他们结尾，打圆场，从而将其解脱出尴尬的境地中，让事情出现转机。

小圆毕业后在一家健身器材销售公司任职，老板见她为人伶俐，很是赏识。小圆仅用了两年时间，便成为经理助理。不过好景不长，小圆竟被解雇了，而小圆之所以被解雇也是咎由自取。原因是这样的，小圆公司生产的产品因为售后服务的问题引起了投诉，因为这家单位在该城市算是龙头老大，所以记者们闻讯前来采访。在门口便遇到了小圆，小圆直接对记者说：“这个问题，我不方便说什么，我们经理就在办公室，有什么问题还是直接采访他比较好。”并且告诉记者们经理室在哪里，这下可好，记者们像潮水一样涌进了经理办公室，经理躲也躲不开，只好硬着头皮一个人应付记者们的狂轰滥炸。事后经理知道，小圆不仅没有为自己挡驾，还主动“开门揖盗”，十分生气，便将小圆给解雇了。

小圆被解雇，算是咎由自取。记者因为负面信息采访，本来就不是好事，对于领导来说，更是一件非常尴尬的事情。这个时候领导需要小圆能够挺身而出，甘当马前卒，同自己演好“双簧戏”，可是小圆直接将经理给抛给了媒体，经理生气有道理。需知人际交往中需要双管齐下——在保护自己的同时，给别人以台阶。

如何巧妙地帮人缓解尴尬呢？

转移话题

在人际关系中，“恼羞成怒”很常见。年轻人火气大，热血上脑的时候往往会产生情绪冲动。这个时候，你不妨岔开话题，让他们燃烧的小宇宙冷却一点。我父母只是普通工人，但是却觉得“国家兴亡，匹夫有责”，经常为一些他们关心的国家大事吵架，之后便要冷战好几天。这个时候，我便充当起和事老的角色，把他们往有共识的问题上拽，两个人之间的问题便会迎刃而解。

给对方找个借口

“我的马掉进酒杯淹死了!”听闻这句话，顿觉荒谬，同正常逻辑相悖，马怎么能掉进酒杯淹死呢。偏偏有人能圆过去，“他有一匹马，结果换了一只能斗的蛐蛐，结果蛐蛐掉进酒杯里，这不等同于一匹马掉进酒杯里了吗?”这便是给对方找借口的范例。有些人下不来台阶，是因为人在特定的场合做出了不合时宜或者不合情理的言辞。这个时候，你可以换一个角度找一个借口，用合情合理的解释来给对方圆场，那么对方便有台阶下了，那么人际关系中的尴尬也就不复存在了。

给对方以警示

如果什么事情都能未雨绸缪，那么很多不应该发生的事情都能避免。打个比方说，有人喜欢吹牛但是吹得总是不圆满，总是让别人耻笑。这个时候你可以提醒他一下，在他又要故态复萌的时候说一句：“哎，上次聚会的时候大家笑的是什么来着?”让对方自己警觉，从而打住。

胡搅蛮缠掩尴尬

在人际关系中，交际的双方或第三者由于彼此言语之间造成误会，常常会说出一些让别人感到惊讶的话语，做出一些怪异的行为举止，从而导致尴尬和难堪场面的出现。偏偏是这种行为上的“胡搅蛮缠”和言语上的“胡言乱语”能缓解尴尬的局面。一位经理跟自己的程序员说：“草莓手机的外观——”刚说到这里，自知失言，没想到程序员接过话茬便道：“没错，黑莓手机现在这么红，的确得叫草莓手机了。”其实这位程序员对经理的“口误”心知肚明，却能巧妙地给遮掩过去，缓解了经理的尴尬。

幽默掩尴尬

幽默，是人际关系中的润滑剂，是人际尴尬的救火员。无论人际关系中出现怎样的尴尬，只要笑声一起，大家都能“一笑泯恩仇”。所以当对方在人际关系中遭遇困窘的时候，完全可以通过幽默帮助他“破冰”。

调和众口

一家十五口，七嘴八舌头。这个想吃肉，那个要喝酒。若是你同别人之间的尴尬，可能打个哈哈便可以应付过去，若是两人之间爆发了冲突，你便难为了。当人爆发争执的时候，两人心中都存在着争胜心理和较劲心理，你胆敢偏着一个向着一个，那么必然要得罪人。所以要调和众口，在不能厚此薄彼的基础上对双方的优势和价值都予以肯定。

及时回报他人的帮助，关系才能更亲密

话说孔子开坛讲学，当时鲁国的国家领导人鲁定公觉得的确应该发展教育产业，便邀请孔子到宫中讲学。还派了阳虎去看望孔子，孔子摆出了一副文化人的清高样："你当你遥控器呢，想见我就见我？"随便找个借口推脱了，阳虎既然能做到总管，说明相当精通人情世故，他人是走了，但给孔子留下一只烤乳猪，回来的孔子瞅着这只乳猪发了半天呆，估摸着是想起自己以往标榜的"来而不往非礼也"的话了，于是便去回访阳虎了，最后俩人的关系处得还不错。

之所以用这个典故作为引子，是想告诉大家，感情讲究有来有往。只有及时回报别人的帮助，关系才能更加紧密。如果你不回报别人的帮助，那么就像是你结婚别人出了份子钱，但是别人结婚你一毛不拔一样，无论从哪个角度上说，都是不合适的。中国人历来重视礼尚往来，人际关系有来有往，若是你不及时回报别人的帮助，那么对方肯定会在心理设防。

丁当逛街的时候，接到了应聘公司打来的电话，叫她立刻去面试。丁当高高兴兴地去了，等到了面试现场却傻眼了。那么多的应聘者都穿着正装，反观她自己，特大号的T恤搭配了一条破破烂烂的牛仔裤。丁当很沮丧，心知肚明这次面试要黄汤。这个时候有人问她："你是不是来得太仓促了？"丁当结结巴巴地说明了自己的情况，这个人说："刚好，我那里有一套备用的正装，你先应对一下。"丁当欢天喜地地跟着去了，换上正装的丁当心中有了底气，竟然超常发挥，一下被录取了。丁当高高兴兴地将衣服还给了那个人，并道了谢。上班后丁当才知道，借给她衣裳的是老

员工梅梅姐，但是梅梅姐和丁当并不在一个办公室，所以丁当每次见到梅梅姐便点个头微笑一下。不过梅梅姐的表情始终是淡淡的，后来梅梅姐调任成丁当的经理，丁当有说不出的高兴。但是情况并不是她想的那样，梅梅姐对她并不是多好，经常将非常难啃的工作交给她。后来听闻同事说，梅梅姐对她的评价非常低。

你肯定诧异，为什么梅梅姐判若两人？以前古道热肠，现在却冷若冰霜。是梅梅姐的仗义让丁当获得了这份工作，但是丁当在入职后，仅跟梅梅姐保持“君子之交淡如水”的关系，却在梅梅姐升任经理时态度热情，尽管丁当是受条件限制，但是梅梅姐并不知道，以为她“用人朝前，不用人朝后”呢。

无论是生活还是职场，既不是补习班，也不是培训班，没有人有义务教导你、帮助你，虽然你可以像海绵一样吸取别人的经验，但是也要学习乌鸟反哺的精神，有一颗感恩图报的心。这样才能让你们的关系更加紧密，再上层楼。

但是你必须要知道的是，如何表示感谢，也是有讲究的。

主动表示感谢

其实很多人帮助他人，并不指望得到回报。一声诚挚的“谢谢”足可以让他们乐得合不拢嘴，如果你不仅不说“谢谢”，还一副“这是你应该做的”的表情，那么即便这个人真的“古道热肠”也会忿忿然。我们进行换位思考一下，便能知道不主动表示感谢是一件多么让人厌恶的事情。假使你是个工作繁忙的上班族，这个时候跟你关系一般的同事要求你帮忙，让你做一份策划，你看在同事的份上咬牙答应下来。但是你熬夜做的策划却没换来她的一句谢谢，你会怎么想？你肯定在想：“我以后绝对不会帮助她，这个人太差劲了。”你看，如果是你帮助了别人，别人没有表示感谢，你还意难平哩，为什么在别人帮助你的时候，不去主动表示感谢？

感谢一定要及时

李碧华曾经说过：“什么是多余？冬天的蒲扇，夏天的棉袄，还有等我心冷后你的殷勤。”感谢也是这样，不及时的感谢更像是敷衍，隐隐约约有这样的意味：“瞧，我谢过了。”看不见丝毫的诚意，这对于费了很大心力帮助你的人而言，他会觉得心寒。一定要在帮忙完成的时候，及时地表示感谢。而且，并不能将对方的帮忙变成“一次性”。

积极兑现承诺

在求人帮助的时候，很多人都许下“如果你现在帮助我，我会回馈给你什么”的诺言；但是在别人真的帮助他后，却翻脸无情。其实“许下的诺言便是欠下的债”，谁也不亏你欠你，既然你用承诺换帮助，那么帮助给你了，不管对方动机如何，你都要将承诺兑现。这是一个人的基本诚信问题！可是有的人，习惯了卸磨杀驴，翻脸无情，那么你的人脉就不是桥梁了，而是一块没有任何根基的浮木，在你这次有困难的时候浮到了你的脚下，等下次你有困难，这块浮木就不知道哪里去了。

对不同的人要有不同的感谢

一样米养百样人，有人豪爽大气，有人心细如发，有人斤斤计较，有人小肚鸡肠……所以在感谢和回报对方的帮助时，要根据帮助者的身份、职业、性格、文化程度以及经济的状况来表示最恰当的形式。对待豪爽大气的人，真诚的感谢便足矣；对心细如发者，礼物一定是精挑细选方能让他心满意足；对斤斤计较的人，送值钱的东西便是真诚的感谢；对小肚鸡肠的人，越多的礼物越好。感谢一定要因人而异，决不能出现一刀切的情况。

感谢有度，莫流造作

颁奖晚会，看着明星有条不紊地感谢这个，感谢那个，我们一点也不会感动，为什么呢？因为缺乏诚意，简直就是一套程序。我们的感谢可不能流于造作，让人觉得假，觉得虚伪，那么我们的感谢便完全丧失其本真的意义。一叠声的“谢谢，谢谢，谢谢啊”不如写一张卡片有诚意，一堆的礼品不如抓住对方的手有诚意，一大堆的客套话不如请对方去小酌一番有诚意……

感谢，要走长线

很多人将感谢等同于买东西——你帮助了我，我付出了感谢，便货银两讫。唉，感谢的初衷是为了巩固感情，你却将感情当成一次性的产品给处理了。需知感情是一种值得反复品味的特殊事物，对方帮助你也是一种感情流露，你却将对方的感情变成一种等量交换，未免太缺少人情味了。

总等别人为你“买单”，你最终要为缺少人力“买单”

目前网络上已经出现了“为名人不当言论背黑锅”的广告，这种广告往往打出“你乱说，我来替你背黑锅”的幌子，招徕名人。原来是名人们在“织”微博的时候，屡屡说错话让有心之人看到了“商机”，力图弥补服务行业的这项空白，不管明星、名人、富二代说了什么极度不靠谱的傻话，“背黑锅者”都可以帮人承担下来。不过目前这种业务，只对明星、名人开放，我们普通人暂时享受不到这种服务。

看到了没？现在“帮忙背黑锅”已经变成了可买卖的商品，你是否还傻呵呵地等待别人为你“买单”？也许你会拿出一项调查结果来驳斥我，毕竟根据权威机构调查，80％的职场人有替过自己的老板或者上司背黑锅的经历，并且表示这没有什么“大不了”。但是这些人心甘情愿的“买单”的对象是上司或者老板，因为替这些人“买单”会赢得他们的好感和信任，那么请问你是上司或老板吗？如果你是，那么没关系，请继续。如果你不是，那么别人凭什么帮你背黑锅？要知道趋利避害是人的本能，如果你自以为是地让别人为你“买单”，那么你最终将会丧失人脉。

臻美是宿舍里最小的女孩，所以在整个大学阶段，是被照顾对象。被单有人“顺便”洗了，打饭有人“顺便”带回来，占座有人“顺便”占了。好景不长，大学毕业了，臻美必须得进入社会中去。不过似乎情况也不坏，臻美在办公室里还能继续自己的生活，打印有人“顺便”打了，策划有人“顺便”做了，报告有人“顺便”交了。不过“顺便”的东西怎能保质保量？很快臻美就受到了上司的“批评指正”：打印的东西格式不对，策划没有可操作性，报告不知所云。对此臻美很是理直气壮地反驳：打印是文秘萧炎做的，策划是同组大姐做的，报告更是不干自己的事，完全是多多姐帮忙的。上司立刻调转方向，将满腔怒火发向第一责任人。不过臻美的“好日子”也算过到头了，没有任何人帮助她，就算她央求别人，别人也客气地找理由推脱。

民间故事里有这样一个小媳妇，有客人来家，夸赞米饭好吃。小媳妇立刻搭腔："米饭是我做的。"客人再吃，皱起了眉头："米饭有点焦。"媳妇马上说："小姑烧的火。"客人又吃："怎么还有沙子?"小媳妇赶紧撇清："是婆婆淘的米。"于是一顿饭，只有她一个人受了夸赞，可以这样说，媳妇的被夸建立在婆婆和小姑"背黑锅"上。臻美就像是这个小媳妇，表扬是我的，黑锅是你的。有人乐意理她才怪。

如何才能做到不让别人为自己"买单"呢?

主动承担错误

金融大鳄索罗斯在总结自己的成功之道时，将自己的成功经验浓缩为言简意赅的两个字——"认错"。很多人百思不得其解，赚钱和认错有什么关系？如果索罗斯在投资失败的时候将错误归咎于市场、归咎于跟风者、归咎于美国政府的话，他便不能从上次的失误中找寻到经验教训，何论进步。万物万事都有相通之理，你的失败想让别人"买单"，而不是去自己找寻问题的关键所在，那么除非你能找到能帮你"买单"一辈子的人，否则你永远都会站在失败的那个地方。学会主动承担错误，其实是从错误中找寻到解决问题的方法，并最终避免这类错误的再度发生。当你的错误解决得差不多的时候，你得成功便向你招手了。

烽火戏诸侯，关键时候人脉没了用

人生并非 100 米跨栏，而是马拉松长跑。也就是说，短时期的爆发力对你的人生并没有过分的影响。若是你同人相处，斤斤计较蝇头小利，对你的成功并没有太大的影响。而为了获取这些蝇头小利驱使别人，何异于"烽火戏诸侯"，对方被你烦得早没了耐心和热情，等到你真的出了问题的时候，对方肯定以为你又小题大做，对你的求助一笑置之。你真的想让人给你"买单"的话，一定要让对方一次性给你买个大单，而不是细微琐事都要让对方帮助，并耗尽对方的耐心和细心。

贪得无厌索帮助，让人有多远躲多远

普希金《金鱼和渔夫》的故事告诉我们，人不能被欲望蒙上双眼。也许别人帮你买一个单，是义气，但是你不能得陇望蜀地将你人生所有账单都推给他，在这个社会谁不比你精明，别人凭什么无条件帮助你？而且还是一次又一次地无偿帮助你？所以做人不要贪得无厌，你的贪婪会让你的人脉做鸟兽散。

心怀感恩，承受别人的“买单”不要理所当然

忘恩想过河，河流湍急，忘恩在河岸上束手无措。这个时候善良撑船过来，很爽快地将忘恩送到河对岸。善良又撑船将很多人送到河岸这边来了，这个时候忘恩走到善良的面前说：“我不感激你，根据我的观察，你有帮助别人渡河的癖好，这可能是一种心理疾病哦。”说罢扬长而去。等到他想要回到河对岸的时候，无论怎么呼唤善良，善良都装作没听见一样。我们怎能将别人对我们的“买单”视为一种理所当然呢？要心存感恩，并且期勉自己也能帮到别人，否则，以后就不会有你认为“理所应当”的事情发生了。

适度回报

就像是我们吃饭，别人买单的次数太多了，你是不是也要适当的回报一次？下次对方有事的时候，不妨主动地承担一次。你主动回报就传递了三个消息，第一，你知道他对你的好。第二，你也想对他好。第三，如果下次他继续帮你忙的话你也会帮他忙。

第九章　二十几岁，别让无知伤害你未来的人际

人在怒气冲冲的时候，很难控制自己的情绪。话，会拣伤人的说、过瘾的说，才足够痛快淋漓。等到怒火平息时，目瞪口呆地对着狼藉，才明白，人际关系就像是一面墙，当你无知、当你任性、当你骄纵时，你正在往这面墙上钉钉子。任性过后，将钉子拔出来，却发现一个清晰的痕迹永远留在了墙上。二十几岁，已是成年人，别人没有义务照顾你、包容你，所以还是学着成熟点、圆滑点、别让无知伤害你未来的人际关系。

别耍孩子气，没人必须要宠着你

前几天在一个论坛上发现了这样一则帖子："各位网友你们说说看，为什么我的同事如此对我"，帖子一出，大家纷纷哗然。帖子描述刚出校门的90后，没有经验、没有能力、没有学历，却在试用期还没有结束的时候要求老板给其加薪，在老板拒绝后恼羞成怒，不仅扬长而去，还想让老板陷入全民批评的汪洋大海中来。大家看完，均大惑不解，虽然是90后，但也是成年人，为何还这样耍孩子气？

"孩子气"并不是贬义词，"孩子气"是单纯直率，是无所顾忌，天真无邪，但当我们步入成人社会中来，我们必须学会成人化。这个时候的"孩子气"，可以是你心中一处柔软的角落，但绝不是你向别人展示的素质。换而言之，并非什么时候"孩子气"都会被原谅，否则艳照门爆发后，阿娇完全可以凭借"很傻很天真"脱身。

张舒婷在试用期结束后，被辞退了。哭得梨花带雨的她找人事经理讨要个说法，人事经理字斟句酌地表示，你在工作中爱撒娇，缺乏职业精神，太过孩子气。"必须得说，当她每天穿着浅草色的裙子出现在公司的

时候，大家都感受到了一股清新的风。如果大家继续盯着她的话，发现她足足有一个小时是什么也不做的，她要从那只大得夸张的包里拿出一只泡满各种好看的花瓣的透明玻璃水壶，再拿出一袋牛肉干，还要拿出一包纸巾，而后是一本厚厚的时装杂志。如果你要吩咐她做什么工作，她会睁大一双眼睛茫然地看着你，而后吐吐舌头，说："我不会呀，你帮我好不好，我请你吃苹果。"对方还能说什么，也只能无奈地应承下来。上次开会，领导批评她不够专业，在会议室中便开始哭，开始是无声哽咽，后来看大家竟然不安慰她，索性嚎啕大哭。本来这个会议是要讨论下个季度的销路问题，结果被她一哭，草草收场，领导将会议室的门甩得山响。

成年人拥有童心和童趣，本来无可厚非。但是把这种孩子气带到生活和工作中，便有些说不过去了。你的孩子气不能帮你完成工作，你的孩子气不能帮你理顺人际关系，你的孩子气甚至会吓跑你的贵人，毕竟谁会想答理一个没有褪掉奶腥味的娃娃?

如何去掉奶腥味呢?

少说话，多做事

对于一个"孩子"而言，知道的少而说的多，便会多说多错，少说少错，不说不错。当年轻人进入社会中来，必须学会少说话多做事。新环境自然是乱花渐欲迷人眼，这个时候我们需要学习、观察、总结，而不是对于花花草草大发雄辩。年轻人最忌讳的就是还没有看清楚问题，就摆出一副"包打听"的架势高谈阔论。当然我的意思并不是说你要变成哑巴，而是要在自己的嘴巴上安一条拉链，该说的说，不该说的不要说，少说话，不是让你成为木头人了。

少些理想，多些实干

对于很多人而言，理想是一个命题作文，年轻人尤甚。早在进入社会之前，他们便对自己的未来、自己的前景，进行各种靠谱和不靠谱的规划。真的进入社会，发现"理想很丰满，现实很骨感"的时候，暂时把你的理想先按捺住。拿破仑并不是一下子就是将军，凡事一步一步地来。不要一上来，便踌躇满志地要将一步登天。

少些冲动，多些思考

冲动，可以说是年轻的标签。偶尔冲动能证明你年轻，但经常冲动便只能证明你幼稚了。冲动就像是在墙上钉钉子，钉的时候十分用力，等到你想拔出来的时候会发现，墙面上早就留下了深深的痕迹。甚至，干脆就拔不下来了，因为铁锈已经把它锈死了。很多年轻人都喜欢冲动，从心理学的角度说，这样的年轻人是“冲动型人格”，在生活中往往情绪急躁易怒，反复无常，不可预测，无法掌控。等到将脾气发完，却没有愉快感，只会对自己的鲁莽行为产生深深的悔恨或者罪恶感。这样的人的人际关系自然是一塌糊涂了。牢记“冲动是魔鬼”，将坏脾气扼杀在摇篮中，为自己的人际关系留一些回转的余地。

让自己看起来专业

有道是“到什么山头唱什么歌”，现在很多年轻人已经开始注意着装问题了。没错，在家中你可以选择那些看起来幼稚的服装——大大的画着海绵宝宝的T恤，破了好几个洞的牛仔裤，但是你不能将这身衣服穿到公司里或者谈判桌上去。也许你会反驳我：“谷歌还让穿睡衣上班呢?”好吧，我承认，但是请问你是在谷歌上班吗？如果不是，就老老实实地穿该穿的衣服吧。另外必须要说的是一个人的站相和坐姿，“站有站相，坐有坐相”是对一个成年人的基本要求，也是一个人气质和性格的直接体现。所以当作为成年人的你跷着二郎腿、抖腿、耸肩，那你简直不是“孩子气”了，而是痞气。

控制情绪，别因一时冲动得罪人

“冲动是魔鬼，冲动是毒药，冲动是一副手铐外加一副脚镣，冲动是一颗永远吃不完的后悔药——”不要为这段俏皮话忍俊不禁，在现实生活中，“冲动”真的是一味毒药。在2006年世界杯决赛的时候，齐达内愤怒地用头撞击挑衅的马特拉内，被红牌罚下，最终与大力神杯擦肩而过，也成为齐达内几乎完美的足球生涯中一个巨大的遗憾。

我们想，如果齐达内不那么冲动的话，那么是不是一切都不会发生？遗憾的是世界上没有“如果”，如果时间真的能够重来，就不会有“一失足成千古恨，再回首已百年身”的俗语流传了。于是冲动依旧在我们的生活中流窜着，它可能跑到了你的公司里，让你不管不顾地对前辈飙脏话；

它可能跑到了你的生活中，让你忽然发飙地摔东西；它可能跑到了你的朋友中，让你就像狂犬病患者一样对着他们咆哮不已……等到你情绪稳定下来，意识到自己的错误，便又讪讪然地同大家道歉、补偿，虽然大家表面上都很大度地原谅了你，但是你们彼此心知肚明，你们的关系表面上同从前一样，其实再也不一样了。

胡斐因为工作缘故经常出差，所以经常报销出差费用，因为工作太忙的缘故，一份 2 月的单据拖到了 10 月才报销。本来胡斐以为没有什么大不了，但是财务大姐却告诉胡斐报不了。胡斐不乐意了，报销不是很正常吗？花的是公司的钱，怎么跟从你身上挖肉似的。当时就跟财务大姐吼上了，财务大姐也挺委屈，两人的“互动”惊动了经理。经理好较真，竟然让财务大姐一项一项地详细核查，平常的时候财务大姐肯定会说核查过了，今天肯定会一项一项地仔细核查。发现很多款子数目有小出入。为了报销方便，很多长期出差的员工都会把零头凑整，这是公司里都知道的“潜规则”。财务也会睁一只眼闭一只眼，不过今天胡斐算是躲不过这一劫了。果真，没几天胡斐就被解雇了。后来胡斐才知道，之所以财务大姐说报销不了，是因为公司的业绩不佳，公司早就想裁员，胡斐本来就是“榜上有名”，又自投罗网，这，真的不怪别人。

如果胡斐能心平气和地问一句，忍气吞声地忍一句，即便是被解雇，也会拿到不菲的遣散费，而不是灰溜溜地以“侵占公司财产”的名义被开除。

胡斐让我想到了非洲草原上一种动物——野马。这种野马奔驰的速度极快，但是性格暴躁，正是因为它暴躁的性格，小小的吸血蝙蝠都能轻易地置他于死地。当吸血蝙蝠尖尖的嘴吸食野马的血液时，无论野马怎么狂奔，都无法驱逐这种蝙蝠，野马便在暴怒中不断狂奔直至力竭而死。多么可惜！

我们在食物链中摸爬滚打了千万年，万不能同野马一样，所以克制坏脾气从现在开始吧。

幽默，缓解轻松气氛

假定一个场景，如果你发现你的工资是行业内最低水平，你会怎么办？给你三个选项：A. 拍案而起，找到老板逼他给你加薪。B. 拍案而起，找到老板跟他好好谈谈。C. 摸摸鼻子，什么也不做。选择 A 选项的你，性情暴躁，但可惜老板不是吓大的。选择 C 的你，老实胆小，老板不欺负你欺负谁？选择 B 是最好的答案，解决问题，但不用极端的方式。有个笑话段子是这样讲的：员工怒气冲冲地找到老板，说："你必须给我加薪，已经有三家公司找我了。"老板说："说来听听，是哪三家？""是移动公司催缴话费，天然气公司通知断气，电信公司准备断网。"老板莞尔一笑，知道自己的员工已经被 CPI 吓到，真的给员工加薪。也就是说，解决同样的问题，也许冲动做不到，可是幽默做得到。不如将你冲天的怒气换一种方式表现出来，可能效果会更好。

转移注意力效果好

都说"冲动是魔鬼"，可是当自己的尊严被冒犯、自己的利益被侵袭的时候，谁还会记得冲动是魔鬼还是天使这件事？拍案而起，怒发冲冠，一气呵成，痛快淋漓。好吧，在这场尊严和利益保卫战中，你取得了阶段性的胜利。但是你想好如何打扫清理满目狼藉的战场了吗？你想好如何应对以后抬头不见低头见的人们了吗？如果你觉得自己不想收拾"烂摊子"，就要克制住自己的坏脾气。可是冲动起来如山倒，这个时候怎么办？转移注意力效果好。如何转移注意力呢？打个比方说，当你想冲过去对着同事的鼻子狠狠来一拳的时候，不如坐下来将他的名字写在纸上，而后狠狠撕掉。

三思而后行

之所以人会肆无忌惮的冲动，缘于对后果缺乏冷静而周密的思考。光顾逞一时之快，而忘记以后的人际关系。所以在遇到了自己不可遏制的冲动时，想一想，是不是有心理承受能力去承受后果。如果有，请冲动地行事；如果没有，还是老老实实地画个圈圈诅咒这个人吧。毕竟这种方式安全多了。

提升自制力

如果说，我们的情绪是轰隆隆开着的列车，那么控制这辆列车的人正是我们自己。也就是说，我们把控着情绪的方向。所以，想要把冲动扼杀在摇篮中，不妨从自身做起。不断地提升自我修养，拓展自己的胸臆和肚量。如果我们能有一种容忍的精神，会能屈能伸，敢委曲求全，那么很多无所谓的争端便可以消弭于无形了。但是我的意思并非让你所有的事情都忍，而是今天的忍，为了明天的不忍。

心胸开阔，不喜欢也要用心结识

世界上有没有纯粹的东西呢？纯金，你会发现它的纯度为99.99999%；蒸馏水，你会发现它里面含有杂质离子；猫眼石，里面含有铍金属；红宝石，里面含有铬金属；土耳其玉，里面含有铜金属……原来世界上没有完全纯净的东西，幸亏如此，否则没有“赤橙黄绿青蓝紫”的丰富多彩，我想，即便是天空也会寂寞的。

世界上没有纯粹的东西，所以金无足赤，人无完人。如果你想简单地依照自己的喜好将世界划分为好人和坏人，恐怕有些艰难。因为我等凡俗，遇见的恐非“大奸大恶之辈”也非“不食周粟之贤”，都是些市井小民。大多是心地善良是底色，带着一些狡黠、一些算计、一些精明。可是，这也很好，就像是吃饭必须营养均衡一样，我们遇到的人各式各样，才能不断地充实和丰富自己的人生。

对于那些偏执“提纯”的人而言，只能说他们缺乏一定的人生智慧。甚至可以嘲谑他们肚量狭隘，难道不是吗？对自己喜欢的丝毫不能节制，对自己不喜欢的丝毫不能包容。需知人生不是黑白两色，更不是只有你的喜欢和不喜欢，人生是丰富多彩的，不是透明无杂质的，甚至在亲人间、朋友间、恋人间，都没有你所孜孜不倦寻找的“完人”。所以学会心胸开阔吧，不喜欢的人也要用心结识。

芳菲瞧不起梓骁，虽然梓骁能力强，年龄小。正是因为“少年得志”的缘故，芳菲总觉得梓骁有些飘飘然。不用说，芳菲绝对不是第一个有这种想法的人，整个办公室对梓骁的态度都是用客气将他拒之千里之外。不过芳菲心眼好，看着梓骁总是被排挤有些怜悯他，经常性地跟他打招呼，说一些事情。对于总是感觉到客气和冰冷的梓骁来说，十分难得。他很看重这段友谊，对芳菲十分关照。好景不长，梓骁因为待遇问题，同经理闹翻而后辞职而去。芳菲觉得这件事也不是梓骁的错误，便发短信安慰。后来芳菲所在的公司裁员，芳菲榜上有名，梓骁听说这件事情后，立刻在自己的公司给芳菲找到了职位，薪水和待遇比原来的公司高出近一倍。

芳菲喜欢梓骁吗？不，但是这并不妨碍两人成为朋友。这里我们要说一下结交朋友的误区之一——凭自己的喜好来结交朋友。并在这种误区中越走越远，让你的“不喜欢”将很多值得结交的人脉据之门外。

教你几个小方法，让你走出这种误区。

多一点容忍，少一点苛求

“金无足赤，人无完人”，每个人的心中都住着贪嗔痴爱，每个人都可能行错走错。对此，我们只能多一点容忍，少一点苛求。只有这样你才能交到朋友。人生就像是一个天平，前面装着自己，后面装着别人。如果你能用对待自己一样的宽容对待别人，用对待别人的严苛对待自己，你会发现天平开始平衡。所以学会正确地看待自己，宽容地对待别人，并努力同周围的环境保持和谐，这样你的人脉才会越走越宽。

多一点理解，少一点责备

美国行为学家做过一项调查，调查发现：74.3%的自杀者是完美主义者。这些人承受不住现实和想象的巨大落差，走上了不归路。这个世界本身就是上帝咬了一大口的苹果，永远存在着遗憾，好花不常开，好景不常在，完美只不过是一种美好的臆想。既然“世界是完美的”是伪命题，那么在不完美的世界中追求完美更是不知所谓的行为，苛求自己的朋友完美更是一件非常愚蠢的行为。对朋友的行为多一点理解，少一点责备。虽然你以为你知道你的朋友心理阴暗，有很多难以容忍的事情，其实你并不知道，每个人都有他的不得已，也都有他的闪光点，别以为你知道。

多一点豁达，少一点偏执

诗人海子曾说：“和所有以梦为马的诗人一样，我不得不和烈士和小丑走在同一道。”很多年轻人对这个看不上，对那个不喜欢。恨不能撸起袖子往人群中一站，说：“你们做的都不对，听我的。”先将你的标准是否正确的问题撇到一边去，先说你跟现实较真的态度，需知“水至清则无鱼，人至察则无友”，你要是事事偏执，鬼才愿意跟你做朋友。你必须学会豁达，否则人生会把我们累趴下。比如镜子看上去很平，但在高倍放大镜下，就成了凹凸不平的山峦；肉眼看着干净的东西，拿到显微镜下，全都是细菌。试想，我们左眼戴着放大镜，右眼戴着显微镜，那么很多人看起来都会罪无可恕，无可救药。

多一点淡定，少一点暴躁

有很多年轻人，面对自己讨厌的人，采取的都是三不政策“不听、不看、不说”，拿这个人当空气。其实又何必呢？人家跟你也没有杀父之仇、夺妻之恨，不过是你看不上别人。你觉得你的看不上，是面对强权不妥协，是出淤泥而不染，事实上，你不能保证你的坚持是正确的。更有可能你的看不上只是羡慕嫉妒恨的显性表示，或者你缺乏调节心态的能力。所以多一点淡定吧，淡定的人生不寂寞。

要义气也要智慧，朋友要求不能一味满足

“喂，朋友，借我点钱”，“喂，朋友，帮我个忙”，“喂，朋友，跟我一起做点事”……你在这么多“朋友”的声音中晕头转向，答应吧，你会为这些请求焦头烂额；不答应吧，你担心自己不够义气，从而被对方扔进心灵垃圾站。

想必这样的困扰大家都有，并衍生出这样的疑问：“究竟如何才能在保全义气的情况下，不去理会对方无理的要求呢？”说不是最简单有效的方法，说不，是一门艺术，掌握好这门艺术，你自然就能轻而易举地向别人传递，你的拒绝是不想做不负责任的事情，是对他们的尊重。

赵明亮和范兴亮是同乡，两人入伍后关系一直不错，放假的时候经常去一家同乡开的饭店吃饭。但是这天放假后，两人都没有归队，让指导员大惑不解，赶紧派人去找，结果在派出所找到了两人。原来，两人吃饭的时候同乡哭诉，隔壁的饭店采用不正当竞争手段对自己的饭店进行打压，要求两人为其“出头”，两人一听都不好意思拒绝，但是碍于部队的纪律，也支支吾吾地不愿意答应。老乡也看出了两人的迟疑，便让其“助阵”，结果来了七八个人涌到另外一个饭店中打砸抢，两人不愿意参与但是也不好意思走。很快警察将两人同打砸抢的主犯都带到了派出所。

“该出手时就出手，风风火火闯九州”，曾经多少人为《水浒传》中的哥们义气、兄弟情义折服，“不求同年同月同日生，但求同年同月同日死”

是何等的壮烈悲凉，这些“义气”的话语镌刻在我们的心中，导致很多人认为只有“义气”者方是男儿。但是回到现实中来，我们发现这些“义气”让我们的生活一塌糊涂。更要命的是，如果你“义气”过了头，任人予舍予求，那么对方会当你是个取之不竭用之不尽的百宝箱。所以要义气也要智慧，朋友要求也不能全部满足。

说“不”，是需要技巧的，怎样顺利说“不”，既能满足“义气”的需要，还能保全自己呢？

说“不”之前，用心思考

假使你有事情需要朋友帮助，当你刚说出自己有件小事需要帮助的时候，对方立刻跳起来，摇头晃脑地说出一叠声的理由和借口拒绝，你会如何感觉？你是不是觉得对方冷漠无情，态度敷衍。但是对方在听完你需要帮助的内容后，沉吟半晌面露难色，说这件事超过我能力范围，你会不会感觉好一点？经过心理学家证实，如果需要拒绝别人的请求，那么就要耐下心来听完别人的陈述，让别人觉得你在认真地思考和权衡，这样的拒绝较为易于接受。所以，不要立刻拒绝，适当地思考能让对方觉得你的拒绝可以接受，当然，即便你的思考是假装的。

说“不”之前，表示同情

当别人哭哭啼啼寺找上门的时候，当你听完对方认为悲惨绝伦、惨绝人寰、人神共愤的事情的时候，竟然还能说出“不”字，对方肯定认为你是铁石心肠，认为你根本就没有同情心，或者更糟糕，对方会认为你根本没有好好听他的事情，认为你是在敷衍，你这种态度怎么能对得起他的悲惨呢？这个时候，你就要适当地表示一下同情，根据他的事情，适度地描述下你的心情，之后再说出你的无能为力，对方就会觉得不是你“不为也”，而是你“不能也”，便能接受你的拒绝了。我们熟知的吴孟达和周润发的交恶，不就是因为“发哥”没有同情心吗？当时吴孟达烂赌成性，欠下了30万元的赌债，在一夜之间破产，吴孟达便找到好友周润发借钱。没有想到周润发只是给了一句：“你自己解决”，让吴孟达心生怨怼。其实我们将事实还原一下便可以轻易地看到，周润发不过是对吴孟达的另一种“当头棒喝”，但是当时的吴孟达只体会到了走投无路，并最终同自己的好友绝交。

说“不”之前，给予鼓励

惯性，是种很恐怖的东西，当你经常性地给予对方相同的帮助，对方会认为理所当然。等到有一天你的力量枯竭，不能给对方帮助的时候，对方肯定会期望落空，必然会心生怨恨。难道我们在日常生活中看到的“朋友反目”的戏码还少吗？所以“授人以鱼，不如授人以渔”，如果你也不是一个合格的渔夫，那么你可以鼓励对方去捕鱼。说“不”看上去有点铁石心肠，容易让本来亲密的朋友产生猜疑和误解，所以你要鼓励和启发对方找寻其他的办法，不仅能传递你对他的同情和关心，还能轻易化解你同他之间的尴尬。

说“不”之前，给予心理补偿

被拒绝是一件非常不美妙的事情，你的期望在瞬间落空，你的心灵遭受到了打击。这个时候对方说：“虽然我帮不了你这个，但是我可以帮你那个。”总算是不无小补！所以你在拒绝别人后，要不失时机地对对方进行一定程度的补偿，也算是一个稳妥的维系人际关系的方案。不仅能为对方保全面子，还能让对方感受到你对他的体谅，也能赢得他心中的友谊和尊重。

说“不”之前，选好措辞和态度

拒绝的方式可以分很多种，委婉型，直接型等。我建议，当你拒绝的时候，用词要尽量委婉，但是态度一定要坚决。对此很多人顾虑重重，认为拒绝意味着伤害，所以犹豫不决。但是你又不能答应，所以你“纠结”了，其实大可不必。态度坚决，措辞委婉，对人对己都只有好处没有坏处。因为求助的人，思想会很敏感，如果你拒绝的态度不够坚决的话，很容易造成对方的误会，你的支支吾吾，让对方有所希望，希望越大失望越大，心中所要承受的伤害比你直接拒绝的伤害要大很多。

掌握距离，太远太近都可能疏离关系

有一句网络俚语是这样说的：“所谓旅游，就是从你待到厌倦的地方到别人待到厌倦的地方去。”风景就是这样，司空见惯的总是习以为常！其实人际关系何尝不是这样？有人说，朋友应该是两条射线，离亲密无间远一点，便能将友谊进行到底。一旦亲密无间，射线便变成了线段，那么交情便有了尽头。

孔夫子大概意识到了这一点，所以他说："君子之交淡如水。"亚里士多德也用截然不同的话语表示了相同的观点："我的朋友啊，世界上根本没有朋友。"两人都意识到了，亲密有间才是朋友之间的相处之道。偏偏有人，将亲密无间当成友谊的最高境地。什么是亲密有间呢？"间"是缝隙的意思，从表面上理解，便是两个人要好得没有任何缝隙。天啊，难道你对做连体人情有独钟？

大家都听过这样的故事：在森林中生活着一群刺猬，它们都是好朋友，生活得十分快乐。但是到冬天的时候，它们却保持一定的距离，既能取暖，彼此的刺还不会刺伤对方。我们所说的亲密有间，便是这样的距离——不仅是距离还是一种保护。

钱丽丽参加工作没多久，还保留着学生时代的朝气和活泼，很快同自己的同事打成一片，交到了很多的好朋友。本来嘛，大家每天一起上班，说说笑笑地一起工作；中午一起到食堂吃饭，争争抢抢地把饭吃完；下班的时候大家又三五一群地去吃饭唱歌，这不是朋友是什么。钱丽丽的工作环境很舒心，经常跟朋友们说说笑笑。同时交流下对别人的看法。当然，正面的评价永远比负面的评价少。比如大老板是个色狼，二老板是小气鬼，大老李擅长拍马屁，小王伟屁都不懂。大家听闻哈哈大笑，钱丽丽更加舒心，有什么比英雄所见略同更让人痛快淋漓？谁知没多久，钱丽丽发现大家对自己开始不冷不热起来，大老李对自己怒目而视，小王伟老是找自己的茬，钱丽丽这才发现，自己的言论，从朋友那里流出去，流到当事人的耳朵里。

其实宁愿得罪敌人，也别得罪朋友。敌人能怎么着你啊？你们既然是敌人，你对他的防备只多不少。但是朋友就不一样了，他清清楚楚地知道你的软肋，而且你对他根本没有防备，如果对方向你伸出"獠牙"，那么你躲无可躲，藏无可藏。

人们常说：要做亲密无间、不分彼此的好朋友。我并不怀疑你们能"同生共死共患难"，但是我怀疑的是，你们彼此不为对方留下空间的话，会不会窒息？好了，不管你选择的是亲密有间还是亲密无间，我都要告诉你保持亲密有间的好方法。

让风景永远是风景

目前，“农家院”的旅游方式很受欢迎，“农家院”所提供的饮食十分粗陋，油水少不说调味也不足，可偏偏有这么多人对简陋的“农家饭”喜爱有加。这是因为“农家院”的经营者摸透了消费者的心理，大鱼大肉吃惯了，山珍海味吃厌了，便对粗茶淡饭油然生出神往来。朋友，也是这样。离得太近了，原本的风景司空见惯了，也就不是风景了。我们要学会让风景永远是风景，那就是同人保持适度的距离。当然，保持适度的距离也很有技巧。太远，会被人认为是冷漠；太近，则没了美感。所以我们要在不远不近间谋求平衡。

保持彼此的个性

婚姻是1+1=1的过程，彼此削减各自的个性，不断地磨合、糅合，才能凑合出一个圆满的婚姻来。但友谊不同，友谊是1+1=2的过程，在友谊中，不存在谁迎合谁这一套说辞。而要你削减自己的个性迎合他的，就不是朋友了。朋友之间最重要的是尊重，你有你的个性，我有我的脾气，每个人都有每个人的追求和自由。不要以为是朋友，就一定要对方成为自己的影子，需知连双胞胎都不会一模一样，何况两个朋友。那种不尊重对方，或者没有个性，两个人像一个人似的所谓朋友，都不可能维持太久。

彼此尊重

朋友之间过于亲密，“尊重”倒成了“负担”和“客套”。真的是这样吗？如果你在熟人面前，将涉及好友自尊的糗事和盘托出，好友脸色如何呢？一般人都会心生不悦。“保持距离”或者说是“维持友谊”的最佳方式便是运用“尊重”这个法器，因为互相尊重，才能避免碰撞以及伤害。尊重有个五要素：“伤害别人自尊的事情永远不要做”“侵犯别人隐私的事情永远不要做”“伤害感情的事情永远不要做”“永远不要在别人遭受打击的时候嘲笑对方”“当对方倒下的时候永远扶持对方”。当你做到这五个要素的时候，恭喜你，你的朋友永远不会离开你。打个比方说，当你的朋友跟你有相左的观点和看法时，你要大胆地肯定他们的观点和看法有道理，站得住脚。而不是不留情面地告诉他们他们的观点有多少错误。

给对方空间

新婚在即，新娘忧心忡忡地问母亲："我如何才能抓住丈夫的心，并让他永远不变心?"母亲什么也没有说，只是让女儿抓住一把沙子，并吩咐："用力握住!"结果沙子反而从女儿的手中溜走。母亲也抓起沙子，并不用力，沙子却安然无恙。母亲说："越想抓住的反而越抓不住。"友谊也是这样，得不到的永远在躁动，得到的永远有恃无恐。不要刻意去追求友谊，顺其自然，友谊自然而然地会来找你。

伤人的话千万别说，小心祸从口出

人道是："良言一句三冬暖，恶语伤人六月寒"，这句话告诉我们，人与人之间的交往中，好话能让人们之间的关系再进一步。当然，恶语，能破坏两人之间原本固若金汤的关系。甚至，简单的几句话能让你闯出大祸来，严重点直至毁掉自己。很多年轻人对此不以为然，"不就是说几句话吗?有什么大不了?"在这样的心理作用下，很多人口无遮拦心无戒备，直到大难临头方才悔之晚矣。

"26岁被提成科长，没背景你信吗?"刚到单位一年的李梦荣被提升为科长，对于工作了十几年还原地踏步的同事来说，绝对不亚于7级以上的地震。前几天还把他当成晚辈的毛头小子，一下子变成了自己的顶头上司，谁的心中都有点"羡慕嫉妒恨"，不过大家都很有生存智慧，这种羡慕嫉妒恨，都是蘑菇，长在自己内心阴暗的一亩三分地里。可是和李梦荣一起进入单位的宁阳可不舒服了，他的嫉妒就像是一把刀，如果不捅给李梦荣，就会捅伤自己。于是他就开始跟同事们说李梦荣的那点"破事"。"哎，你知道不?李梦荣的未婚妻不要他了，因为什么，嗨，还不是因为他找小姐……""哎，你知道不?李梦荣为什么能当上科长?因为什么，嗨，还不是因为他给局长送了票子"……天下没有不透风的墙，何况单位这弹丸之地。满天飞的流言曲曲折折地传递到李梦荣的耳朵里，找来找去，终于找到了流言的源头。李梦荣勃然大怒，找到宁阳对质，宁阳尚且嬉皮笑脸："不就是开个玩笑吗?何必当真!"李梦荣可不认为这是玩笑，找到了很多愿意作证的同事，将宁阳起诉。最终宁阳因诽谤他人而获刑，真是害人不成反害己。

看到宁阳的下场了吗？所以还等什么，还不给你的嘴巴安把锁。

“逆鳞”不要碰

传说中龙有一片特殊的鳞，只要碰触，龙必然会勃然大怒，将其吃掉。如果人有逆鳞的话，那必然是短处。我们的老祖宗必然吃过亏，于是苦口婆心地告诫我们：“打人别打脸，骂人别揭短。”不过后人似乎不怎么承情，还是愿意自己尝试一下触碰逆鳞的感觉。就像有些人，总是用别人的短处来寻开心，殊不知，自己已经伤害了别人的自尊心，对方已经对你产生了深重的怨恨。都有怨恨了，你想啊，这人际关系还能好吗？

隐私不要问

中国人，好发人隐私。这一点，从日常生活中便能看出来，见到一人便问：“干什么去？”一副包打听的模样。“您今年多大了？”“工资多少啊？”“怎么还不结婚？”该问的不该问的统统都要问一遍，似乎不问不显你们之间的亲近。可是，恰恰是这种问题最容易碰壁，因为每个人对外界都有本能的防护墙，遇到别人不该问的问题时，会产生一种极其猛烈的厌烦心理。“你以为你是谁”这种念头一旦出现，那么就说明你们之间的人际关系彻底完了。在日常交际中，凡涉及女士的年龄、男士的工资、家庭内务、夫妻感情、两性健康等，还是不要打听为好。

闲谈莫论是非

人与人之间的关系之复杂之敏感，即便是最精密的电脑也不能描摹其亿分之一。两面三刀，见风使舵，阳奉阴违，都是家常便饭。所以不要信口开河地说人是非，你知道同你说话的人中，谁是包打听，谁是千里耳，谁是大喇叭？如果，说人是非的人跑到你跟前来喋喋不休，赶紧端正态度，不要让他的话牵着你的鼻子走，微微一笑。他爱说不说，反正跟你没关系。

嘴上安把锁

口无遮拦的下场必然是言多必失。一个人滔滔不绝的说，即便他思维缜密，反应灵敏，我们也能从他的话语中找到一些漏洞来。口无遮拦，不掌握说话的分寸，会招致厌恶。有一人口齿伶俐，在交际场合经常口若悬河。可是又一次他提到了教育制度，便对本地一位校长大加鞭挞，邻座的一位男士一直含笑看他，他以为找到了知音，忙过去攀谈，结果对方告诉他，自己就是那位校长。所以人多的地方学会“忌口”，给自己的嘴巴安把锁。

说话委婉点

上尉找到上士：“我刚接到电报，列兵琼斯的母亲过世了，告诉他让他来见我。”上士依言而行，“琼斯，你妈死了，去长官那里报道”。第二天，上尉又找到了上士，“你说话的方式太冷酷了，下次委婉点，麦克拉格斯的母亲也过世了，请你委婉地通知他”。于是上士又集合士兵，“好，小子们，站直了听好，每个母亲依然健在的，上前两步走，麦克拉格斯原地不动”。多么让人捧腹的“委婉”，其实在人际关系中，说话委婉点，可能比赤裸裸地说话更容易被人接受。所以，给你的语言穿上一件美丽的外衣吧，这件外衣能成功地化去你语言中的蒺藜。

白色的谎言要一点

在传统的观念中，讲实话往往是诚实的表现，被宣扬成为一种美德。可是，生活中偶尔来一些“白色的谎言”，却能将人际关系巧妙地缓和。比如说，你想跟女朋友逛街，但是同事却让你代班。如果你赤裸裸地说：“嗨，我女朋友比你重要得多。”恐怕你同事会对你的“重色轻友”嗤之以鼻。但是你若是能撒个小谎：“我病了，哪里都去不了了。”可能对方就会释然了。所以，学会说美丽的谎言吧。而且“撇开道德的标准，谎言就是一种智慧”。

做人应该要双赢，别只占便宜不吃亏

不知道你注意没有，经常能看到郑板桥“吃亏是福”的拓片，然而“吃亏是福”这句话可并没有因为郑板桥拓片的流行而风靡起来。很多人看到便宜，还是本着“不占白不占”的心理去占便宜。殊不知，我们的世界奉行的是“守恒”，你在某方面占了便宜，就要在另一方面吃亏。

不仅如此，总是占便宜会让你的人际关系一塌糊涂。为什么呢？我们用著名的社会心理学家霍曼斯的观点来回答，他认为：“人际交往在本质上是一个社会交换的过程。”也就是说，人际关系中我们总是有意或者无意地交换着某些东西，比如物质，比如感情。那么你总占便宜的行为便可以等同于你交换的时候总是缺斤短两，长此以往，你的信誉便大打折扣，你这家店便鲜有人光顾。

但是吃亏的效果可是截然相反的，俗语说“吃亏是福”，这可不是随便说说。吃亏的同时可能常常会让你有所得，比如吃亏能让你得到人脉。因为人们总是愿意将“吃亏”和老实憨厚、实在可交、宽容仗义这样的字眼联系起来，身上贴着这样标签的人，在人际关系中格外能得到别人情感的认同。

何玲玲喜欢占小便宜，上大学的时候，蹭别人的牙膏、洗面奶，等到上班后，开始蹭大家的零食午餐。比如说一个同事买了草莓，她就会拿一大把，并说：“这么多你也吃不了，我帮你吃点。”这样的事情，数不胜数，所以很多同事都不愿意答理她。在工作中，何玲玲也是拈轻怕重。这次公司的招标策划，落在了何玲玲和李玫的头上，何玲玲认为这件事情吃力不讨好，极难解决不说报酬还少，所以她选择去“闹”。找经理，找领导，要求推掉这个差事。领导给她的答复是“要么忍，要么滚”，何玲玲无奈只好硬着头皮应承下来。但是她的业务基础有限，所以大部分的工作都压在了李玫的头上，所以大家经常看见何玲玲每个科室乱窜，而李玫埋头苦干。招标书上交后，效果很好。领导表扬了两人，这个时候何玲玲对功劳可是大包大揽，李玫只是笑笑。不过李玫和何玲玲的表现，领导们心知肚明。等到年底，李玫升职加薪，何玲玲另谋高就。

何玲玲自以为算盘打得叮当响，可是她却忽视别人将她的一举一动全部尽收眼底，并以此被认定是拈轻怕重，喜欢贪占便宜的人。而李玫获得的评价却是截然相反，领导肯定认为李玫踏实肯干，老实憨厚。试问，不给老实人升职加薪还给那些嘴尖皮厚腹中空的人升职加薪不成?

其实，就像是天下没有白吃的午餐一样，天下哪有白吃的亏？我们皆是平凡之人，在人际交流的时候，大多自觉不自觉地恪守一定的规则。我们所给予对方的，不会白白消失，而是变成存款，在那里生息，储蓄成巨大的金额后回报我们。而那些喜欢占便宜的人呐？等于在透支自己的信用，等到急需用人帮助的时候才发现自己的储蓄金额是零。

学会吃亏，能让你达到双赢。第一，主动性地吃亏是你为维护人际关系做出的让步，这让你保持良好的心态。在豁达开朗的心态下，人往往处于最好的状态，能发挥自己最好的水平，不断地增加自己的自尊和自信。第二，吃亏能帮助你形成良好的口碑，让你处处得逢贵人相助，一路顺水顺风。

让斤斤计较成为过去式

人呐，怕不认真，也怕太认真。很多人，尤其是年轻人，总是喜欢斤斤计较。“为什么我的加班费少了5块钱?”“为什么他的工作比我的少一点?”为了蝇头小利，面红耳赤，于是产生了很多很不必要的恩恩怨怨!反过来说，什么亏你都不想吃，什么便宜你都想占，工作拣轻，待遇要高。对待别人显微镜高标准，严要求，对待自己远视镜，得过且过。这样的人，你会喜欢?相反，如果能够做到严格要求自己，在工作中与他人积极配合，在生活中与人为善，以宽阔的胸怀待人处世，以严格的标准要求自己，不为一点点的蝇头小利与同人计较。这样的人怎么能不处处受到别人佩服和欢迎呢?

知道“吃亏是福”

选择吃亏你并不是一种退却，而是一种迂回，也是一种超越。是人生能量的厚积薄发，是人生进取的持之以恒，是面临挫折的不急不躁，是一种人生的大智慧。如果说，“占便宜”是一柄剑，剑光凛冽，不伤人则伤己。而“吃亏”则是一把厚重的斧子，能让人安然地度过艰难人生，并保存下安身立命的根本。何况吃亏，也是吃得一时，不是吃得一世。为人处世，吃亏不过是零食，偶尔罢了，不会让你从头吃到尾。我们常说群众的眼睛是雪亮的，当你吃亏时候显露的良好综合素质和职业修养显露出来的时候，你就会被理解、被欣赏、被发现。

遇事冷静处理

有时你吃亏吃得冤枉、委屈，但你要知道忍一时风平浪静，退一步海阔天空。当这种时候，你如果如祥林嫂般逢人便讲，声泪俱下，你将收获一箩筐没有用的同情和幸灾乐祸。也就是说，不管你哭或者不哭，亏就在那里，不增不减。当你不想吃亏的时候，就想想，世界上仅有三种人吃不得亏：第一种，肚量狭隘者，吃了亏便想不开，茶不思饭不想，好像被剜了肉一样。第二种，火气旺者，吃了亏便暴跳如雷，轻则破口大骂天下人负他，重则大打出手头破血流。第三种，心眼小者。吃了亏便要睚眦必报。而这三种人，全部不能成功。即便脚踩狗屎真的成功，那么就像是《朱子家训》中说的那样：“刻薄成家，理无久享。”

多长心眼，以免触犯圈里的“潜规则”

“潜规则”，顾名思义，你看不见它摸不着它，众人亦是讳莫如深地不谈及它，但是它的确是实实在在存在着。一旦你敢越雷区一步，它必然用鲜血淋漓的手段让你对它刻骨铭心。现在越来越多的人开始知道人脉的重要性了，但是你们知道不知道人脉中也存在着“潜规则”呢？如果你不长点心眼，触犯到圈里的“潜规则”，那么你人脉的情况就不容乐观了。

“千金难买是朋友，朋友多了路好走”，媛媛算是明白这句话了。这不，她刚来到这个城市，人生地不熟的她被朋友“领养”，朋友对媛媛实行“三包政策”——包吃、包住、包交通。媛媛在朋友家里感受到了春天般的温暖。最开始的时候，也曾询问朋友要不要帮忙，被拒绝后，也就随性起来，在家什么样在朋友家还是什么样。但是这种衣来张口、饭来伸手的好日子终于走到头。这天她发现自己的行李衣物都被扔在了走廊中，媛媛不明白为什么昨天还言笑盈盈的朋友会用这种绝情的方式宣布她们友谊的死亡。媛媛的好友更是生气，媛媛在她这里什么都不做，每天睡懒觉睡到 9 点，连被子都不叠。吃饭的时候从来不主动洗洗碗筷，更不说去厨房问候一下“水深火热”的自己，甚至有的时候还说她做的饭菜不好吃，让她一点也不能接受。尽管她是客人，最起码表面上也应该进厨房看需要不需要帮忙吧？好像自己做饭给她吃是应该的……

“21 世纪什么最重要”，你可能会说“人才”。其实“人”并不缺，我们缺少的是“才”，尤其是懂得人际关系要害的“才”。而“才”的第一准则，便是通晓人际关系的“潜规则”。

善于察颜观色

“潜规则”之所以“潜”，是因为它从来不被摆在明面上让你看到，所以需要我们有一双火眼金睛来发掘它。比如说，当你去朋友家做客的时候，朋友的话题重心转移到让你喝茶或者看电视的时候，你就该告辞了。因为人只有无话可说的时候，才提醒别人做一些无关紧要的事情。或者一个人向你发出邀请时，心不在焉。你就要明了他的邀请只不过是顺口一说，除非你想让人讨厌，否则不要当真。只有察颜观色，才能小心地绕过这些人际的“暗礁”。

相处不任性

任性，就像是蛋糕中的苍蝇，只要一只足可以破坏掉人对蛋糕的整体感觉。曾经有一位朋友，“三千宠爱集一身”，有些任性。经理吩咐的任务颇为艰难，朋友直接冲进办公室将文件砸在了经理的桌子上。其实经理将困难的工作交付于她，有提携之意，但是朋友的任性毁了这一切，只能眼睁睁地看着昔日同事风生水起，而自己原地踏步。任性，是人际关系的大忌。它让你的专业形象荡然无存，让你的能力大打折扣，让你的风度不复存在……所以学会控制自己的情绪，努力做到“有则改之，无则加勉”，别让任性毁了你。

学会尊重他人

本杰明·富兰克林曾经说过：“成功的第一要素是懂得如何搞好人际关系。”几乎所有人都懂得处理好人际关系的重要性，但是并非每个人都懂得人际关系的精髓所在。很多人认为，摆平人际关系只需要“见人开口笑”便万事大吉。这种人将人际关系想得太简单了，要知道人际关系的“潜规则”之一便是“尊重他人”。你是“见人开口笑”了，但是面部表情僵硬、死板，一看你的微笑就是不带任何诚意的假冒伪劣商品，大家是不会买账的。所以你要打心眼里尊重别人，尊重他的人格，尊重他的工作，尊重他的感情，尊重他的愿望……只有做到真正尊重他人，才能打开他内心的重重大门。

学会真诚待人

《素问·平人气象论》说：“心藏血脉之气”。藏之于心的这种“气”，就是推动血液循行的动力。现代医学亦认为心脏是血液循行的动力器官，心与脉管相通，心气推动血掖在脉管中循行，所以心气的强弱可以从脉象上反应出来。在人的生理血脉系统运行中，心起主导和推动作用。而在人际关系中，心也占据着主要的地位，发挥着重要的作用。一颗诚心，是你建立人脉的基础，是在你同别人之间架设的桥梁，是让别人了解你、认识你进而结交你的“定心丸”。只有诚心诚意，才能金石为开，让你的人脉从一条逶迤的小路变成康庄大道。

话不说满、事不做绝，做人做事留余地

我们经常说做人要守中庸之道，什么是中庸之道？从字面上解释，“中庸”就是不偏不斜、不左不右、不走极端。就像是那个“搔痒”的谜语：“上边上边，下边下边，左边左边，右边右边，重些重些，轻些轻些”一样，找着的是“正好”。话说回来，之所以我们要标榜“中庸之道”，恰恰是因为我们缺少中庸之道。

不信的话，你看裁缝，裁衣服总是要宽大一点。你看厨师，做菜的时候总是少放盐。雕刻家更绝，雕刻的时候总是做得眼睛小鼻子大。原来这都是因为为下一步完善的时候留有修饰的余地。可是有些人不，为了贪图嘴巴上的痛快，总是爱选用最极端的话语，导致自己的人际关系没有了回旋余地。

殊不知，古人曾说：“日中则移，月满则亏。”“水满则溢，物极必反”，当你用最极端的话语处理人际关系时，那么“开弓没有回头箭”，你再也找不到回旋的空间了。只能望着“既定事实”，到处找“后悔药”。要知道人际关系就像是装满水的杯子，如果杯子中是半杯水，那么你还有倒进水的余地，如果水满了的话，那么任你再厉害，也不能到进去分毫。

高锟今年刚毕业参加工作，社会阅历比较少。总是觉得在公司和在学校没有什么不同。跟年纪相仿的同事在一起，觉得像是跟同学在一起，跟年长的同事在一起，就觉得是跟老师在一起，因此说话很随便，没有太多的顾忌。有一次，他做的一个方案被一个同事抨击为“不成熟”，他恼了，拿出当年辩论赛的英勇，将同事的批评驳斥得体无完肤。并且告诉同事：“我虽然刚入职，但是以前做过这方面的兼职，别以为我跟你一样什么都不懂。以后少管我。”同事闭嘴了，他很开心。下午的时候，经理将他的方案打了回来，并附上幼稚二字。后来他发现，自己做的每份方案，同事们都不做置评，因此他丧失了学习的机会和上升的空间。

同事们为什么不肯再帮助他？因为他将自己的话说绝了，谁愿意背负着被指责的风险去帮助他呢？别人脑袋又不是被门夹过。

这个世界本来就不存在完全绝对的事情，万事万物都如硬币，具有其两面性。人际关系也不例外，如果你能给自己留有余地，那么你将获得回旋的空间，进可攻退可守；如果你不能给自己留有余地，那么你将丧失迂回的环境，进退维谷。换而言之，你若是给人际关系留下余地，那么你的人际关系将会发展出无限的可能，如果你不给人际关系留下余地，便只有一种可能。用无限换取有限，听起来就不是划算的买卖。学会给自己的人际关系留余地吧，杯子留有余地，能再度添水；气球留有余地，便不会爆炸；人际关系留下余地，便给自己的人生留下了转机。

适度妥协，天高水长

孔老夫子在《论语·颜渊》中语重心长地告诫自己的徒弟："克己复礼为仁，一旦克己复礼，天下归仁焉。"套用到人际关系中，可以这样理解：别以为你是谁，管着点自己的脾气，收着点自己的言行，藏着点自己的棱角，那么别人都乐意来找你了，人缘方面的问题便迎刃而解了。藏棱角的最经典的一招是妥协。遇见那些不涉及原则的小问题、小争论，让着点别人，没有什么坏处。当然，若是触犯底线的妥协，一定要寸土必争，丝毫不能妥协。

学会绕圈子

直来直往，被人渲染成一种可贵的品质。我曾多次思考为什么大家喜欢"直来直往"的人，后来明白不过是"物以稀为贵"。因为直来直往的人太少了，硕果仅存的几位也早早地成了炮灰，懂得了迂回。其实在人际关系中，更多的人在"绕圈子"，因为"绕圈子"能帮助人将话说得滴水不漏。比如说，身材壮硕的女同事买了一件小码的衣裳，直来直往的人会说："衣裳太瘦，你又太胖。"同事听完肯定强颜欢笑，在心里用最恶毒的话语问候你。但是绕圈子的人会怎么说呢？他会说："你的气质更适合那些大气的衣服，这件太小家子气了。"说一千道一万，衣服有错，身材无错。于是同事便欢天喜地了！不是教你虚伪，绕圈子说话本来就是一门艺术，这是著名的语言学家王力说的！

批评别人的时候请人吃三明治

"人非圣贤，孰能无过"？偏偏在生活中，有的人死揪着别人的错误不放，恨不能用显微镜将别人的错误放大到无限，从来不考虑别人的自尊心的承受力。回应别人批评别人的方式何止千万种，选择最不明智的一种，让人觉得你缺少风度和气质。所以，当你想要批评别人的时候，不妨采用罗斯福总统的“三明治批评法”，将你的攻击、你的批评裹上一层和谐、一层宽容，那么对方接受得便能容易点。